구역장바로세우기(인도자)

구역장바로세우기(인도자)

초판 2쇄 이후
개정판 1쇄 인쇄 2021년 12월 30일

지은이 신현수
펴낸이 정신일
편집 홍소희
교정 김윤수
펴낸곳 크리스천리더
일부총판 생명의 말씀사 (02) 3159-7979
등록 제 2-2727호(1999. 9.30)
주소 부천시 중동로 100 팰리스카운티 아이파크 상가 301호
전화 032) 342-1979
팩스 032) 343-3567
출간상담 E-mail:chmbit@hanmail.net
홈페이지 www.cjesus.co.kr
유튜브 크리스천리더TV

ISBN : 978-89-6594-330-3 03230
정가 : 15,000원

Cell Reader Educational Materials

구역장을 바로 세워야
구역이 살아난다.

구역장 바로세우기

전도중심의 구역과 구역장 만들기 프로젝트

인도자 지침서

신현수 목사

CLS 크리스천리더

들어가는 글

1990년대 이후부터 한국교회는 부흥이 둔화되고, 오히려 서서히 퇴보하고 있다. 성장이 둔화되고 있는 여러 가지 이유 중의 하나로 훈련 부족과 함께 무분별한 대형교회의 조직과 프로그램 모방을 손꼽을 수 있을 것이다.

이와 같이 교회 실패의 근본적인 이유는 교회가 지향하는 목적을 상실했거나 또는 그 목적에서 벗어났기 때문이라고 생각한다.

교회에는 작은 그룹들이 많이 있다. 교회학교, 청년회, 남녀 전도회, 각종 모임 등 기본적인 구조와 조직들이 다양한 형태의 소그룹들로 구성되어 있다. 그 가운데서도 '구역'이라는 교회의 가장 작은 셀(Cell) 그룹들이 활성화되는 것이 곧 교회부흥의 척도임을 기억해야 한다.

여러 가지 이유들이 있지만 구역은 교회가 외적 성장보다 교회로서의 사명을 다하기 위한 질적인 부흥을 위해 매우 중요한 공동체이기 때문이다.

과거의 짧은 기간의 성장에도 불구하고 급격히 쇠퇴해가고 있는 교회의 현실을 우리는 눈으로 보고 있다. 구원의 확신과 기쁨이 없는 회중들은 언젠가 다시 세속화될 가능성이 크고 결국 탈 교회현상으로 나타날 것이다.

한국교회가 다시 생명력을 얻고 복음의 능력을 회복할 수 있기 위해서는 반드시 구역이 활성화되어야 할 것이다.

그동안 한국교회는 예배와 전도 중심의 구역 활동에서 어느 순간부터 친교 중심의 모임으로 변화하고 있다.

하지만 구역모임이 어느 한 곳에 치우쳐서는 안 되며 예배와 나눔과 친교와 사역이 고르게 이루어져야 부흥하는 구역으로 거듭날 수 있다. 구역 활성화의 중심에는 바로 구역장이 있다. 구역장의 열심이 구역부흥을 이룬다는 것을 기억하라.

구역장의 열심으로 역동적으로 사역하는 구역은 반드시 부흥성장한다. 사명감과 능력이 충만한 구역장을 바로 세우며 구역 모임이 그리스도의 충만한 은혜 속에서 그 생명력을 회복하는 가운데, 교회는 성령께서 역사하시는 성장을 이룰 것을 확신한다.

구역 부흥이 불꽃같이 타오르길 소망하며

포커스 M 사역원 신현수 목사

| 차례 |

3과 구역장, 작은 교회인 구역의 목자

4과 구역장 영성, 삶에 뿌리를 둔 영성

5과 구역 전도, 전도 소그룹으로 전환하라

6과 구역장 리더십, 사람을 바로 세우라

구역장 바로 세우기 이렇게 사용하세요.

1. 교재의 활용

이 교재는 구역장의 참된 자세와 의미를 되새기며 구역장으로 충분한 자질과 사명감을 갖도록 이끌 것이며, 구역모임이 그리스도의 충만한 은혜 속에서 그 생명력을 회복하게 할 것이다. 구역을 부흥과 성장시키는 데 큰 도움이 될 것이다.

2. 교재의 구성

이 교재는 총 8과(8주)로 구성되어 있다.

좋은씨앗 | Good Seed

각 과의 대표 말씀과 예화를 통해 의견을 나누며 공감할 수 있도록 해 준다. 좋은나무, 좋은열매로 구성되어 있다.

좋은나무 | Good tree

주제에 맞는 말씀과 설명을 통해 구체적인 사역을 할 수 있도록 도와준다.

좋은열매 | Good Fruit

각 과를 통해 구체적인 실천사항과 다짐을 나눔으로써 보안과 점검을 할 수 있도록 도와주고 열매를 맺도록 기도로 마친다.

3. 교재의 활용(시간배분)

좋은씨앗 | Good Seed 예화를 읽고 느낀 점을 서로 나눈다(10분내).

좋은나무 | Good tree 주제 말씀을 집중적으로 공부한다(35분).

좋은열매 | Good Fruit 배운 말씀을 복습하고 실천사항을 나눈다.
마무리는 합심기도로 마친다(15분).

01 구역, 교회 안의 작은 교회들

"구역은 교회라는 몸의 신경이요 혈관이요 세포이다."

| 말씀읽기 |

믿는 사람이 다 함께 있어 모든 물건을 서로 통용하고 또 재산과 소유를 팔아 각 사람의 필요를 따라 나눠 주며 날마다 마음을 같이 하여 성전에 모이기를 힘쓰고 집에서 떡을 떼며 기쁨과 순전한 마음으로 음식을 먹고 하나님을 찬미하며 또 온 백성에게 칭송을 받으니 주께서 구원받는 사람을 날마다 더하게 하시니라(행 2:44~47)

좋은씨앗 | Good Seed

[희한한 우리 구역]

많은 사람들이 우리 구역을 보고 의아해 한다. 한여름에 에어컨도 없이 선풍기를 틀어 놓고 구역원들이 모여 땀을 뻘뻘 흘리면서 말씀을 나누며 예배드리는 모습이 그렇단다. 또 주중에 구역원들이 함께 기도의 삼겹줄이 되어 전도 대상자와 각종 기도제목을 놓고 목이 쉬도록 기도하는 모습도 그렇단다.

또 30여 개의 미자립 교회에 보낼 천오백 개가 넘는 선물 꾸러미를 만드느라 여름과 겨울에 한 달씩 힘을 다해 헌신하는 모습도 그렇단다.

이뿐만이 아니라, 마지못해 끌려나온 구역모임에서 완전히 변화되어 새로운 사람으로 시작하게 되었다고 고백하는 간증이 넘친다. 변화된 구역원들이 힘을 모아 불신 가족과 이웃을 교회와 구역으로 초청하는 데 남다른 열정을 보이는 것도 놀라운 일이다. 연초에 서너 가정으로 시작했다가 연말에는 30명이 넘어 구역을 다시 몇 구역으로 나누어야 하는 것도 흔한 일이다.

1) 위의 글을 읽고 느낀 점과 생각을 나누어 보자.

2) 현재 구역모임을 통해 어떤 유익을 얻고 있는가?

좋은나무 | Good Tree

1. 구역의 세 가지 교회 유형

| 말씀읽기 |

서로 돌아보아 사랑과 선행을 격려하며 모이기를 폐하는 어떤 사람들의 습관과 같이 하지 말고 오직 권하여 그 날이 가까움을 볼수록 더욱 그리하자(히 10:24~25)

1) 전통적인 구역으로 부흥을 꿈꾸는 교회가 있다.

관리와 예배를 중심으로 전통적인 구역을 가지고 있으면서 구역에 대한 열정도 있고 구역을 중요시하는 교회가 여기에 해당된다. 목회자나 구역장이나 모두 열심이다. 구역 예배도 열심히 드린다. 그러나 몇 가지 한계점이 있다. 첫째로 무엇보다 구역이 작은 교회로서 가질 수 있는 장점, 즉 양육, 전도, 봉사, 교제, 섬김, 기도 등을 충분히 살리지 못하는 경우가 대다수다.

둘째로 교역자 중심으로 교구 사역이 펼쳐지기 때문에 구역장을 중심으로 한 평신도 사역이 자생력을 가지고 활발히 전개되기가 어렵다. 셋째는 변화하는 환경과 구역원들의 영적 필요에 민감하게 대응하기가 어렵다. 마지막으로 구역의 분할을 통한 배가 운동에 상당한 저항력이 있다. 이는 교회의 기득권층이 구역 나누는 것을 싫어하고 기존 구역 안에서 계속 안주하기를 원하는 비 창조적, 비역동적, 비효율적 태도로 나타난다.

2) 문제점을 파악하지 않는 교회가 있다.

정체하거나 쇠퇴하는 교회 대부분이 여기에 해당된다. 구역이 활력을 잃고 역할을 제대로 못해도 아무런 대책이나 변화 없이 그냥 넘어가는 교회다. 작년에도 올해도 이렇게 했으니까 내년에도 그냥 그렇게 넘어가려고 하는 교회다. 구역이 왜 약해져 가는지에 대해 별로 관심 없는 교회다. 구역에 문제가 있다는 것을 안다 하더라도 그 문제가 무엇인지를 구체적으로 알려고 하지 않는 교회다. 속으로 곪은 문제를 그대로 안고 있으면서 겉으로 아무리 부흥을 외치고 많은 사역을 벌여도 교인들은 점점 교회에서 멀어져 가게 된다.

성도들의 불만이 가득한데도 교회는 아무 대책을 마련하지 않고 무리해서 생동감 없는 사역을 벌이는 안타까운 현실이 발생한다.

3) 구역을 작은 교회로 인식하는 교회가 있다.

기존의 관리와 예배 중심의 전통적인 구역 제도를 뛰어넘어, 구역을 교회 속의 작은 교회로 인식하고 구역을 목회의 작은 현장으로 보는 교회가 여기에 해당된다. 이런 교회는 구역 목회에 큰 비중을 두고 체계적으로 운영하는 바, 여기에서 구역은 교회와 유기성을 가지며 작은 교회로서 생명력을 갖게 된다.

이런 구역은 기존 구역이 갖는 여러 가지 한계를 근본적으로 극복한 구역이다. 성도의 양육과 훈련, 구제와 섬김도 구역 안에서 일어나며 가정과 지역 복음화를 위한 전도의 뜨거운 현장도 구역이 된다. 또 구역을 통해 교회의 사역과 정보가 효과적으로 공유된다. 구역장과 구역원들은 기존의 구역 속에 안주하기를 원하지 않는다.

전도를 통해 분가하여 하나의 구역을 만드는 구역 재생산에 대해 강한 열정을 가지고 있다. 최근 한국에서도 몇몇 교회가 이런 구역 목회를 추구하며 건강하게 성장하고 있다.

2. 구역의 정의

1) 구역이란 무엇인가?

구역을 정의한다면 대중이 모이는 집회가 아닌 3~12명 정도의 소그룹으로 모이고 구성원이 한 몸을 이루고 하나님께 예배드리며 서로를 위하여 기도하고 사랑으로 교제하고 복음을 전하기 위하여 모이는 모임이라 할 수 있다. 구역의 모습을 성경적으로 해석해 보면 초대교회의 모습 곧 "믿는 사람이 다함께 있어 모든 물건을 서로 통용하고 또 재산과 소유를 팔아 각 사람의 필요를 따라 나눠주며 날마다 마음을 같이하여 모이기를 힘쓰고 집에서 떡을 떼며 기쁨과 순전한 마음으로 음식을 먹고"(행 2:44~46)와 같이 진정한 공동체의 모습을 닮아가고자 하는 소그룹이다. 성령 강림 후 초대교회는 3,000명, 5,000명 등 많은 사람들이 회개하고 세례를 받음으로 날마다 구원받는 사람의 수가 더하여져서 큰 교회가 되었다.

이들은 사도들의 지도를 받아 정기적으로 성전에서 모였고, 또한 집에서 모여 함께 예배를 드리고 사랑의 교제를 나누고 전도하였다. 그러한 사랑의 교제는 주변 사람들에게 좋은 인상을 주었으므로 칭송과 흠모의 대상이 되었다. 그 결과 구원받는 숫자가 날마다 더하게 되었다. 이것은 집에서 모이는 모임에 의해서 더욱더 가속화되었다.

교회는 살아계신 하나님의 영이 존재하는 예수 그리스도의 몸인 고로 교회도 세포 조직의 형태로 존재하며 세포 분열의 형태로 성장하게 된다. 예수 그리스도의 몸인 교회의 세포는 무엇일까? 바로 구역일 것이다. 구역이라는 세포는 활동을 통해서 살아 움직이고 또 성장하게 되는-살아있는 인체의 세포들이 끊임없이 혈액을 통해 영양분을 섭취하고 배설물을 제거하여 생명의 신진대사를 계속하는 것처럼-주님의 몸된 교회의 구역 세포도 동일한 운동력이 있어야 한다.

3. 구역에 대한 네가지 이해

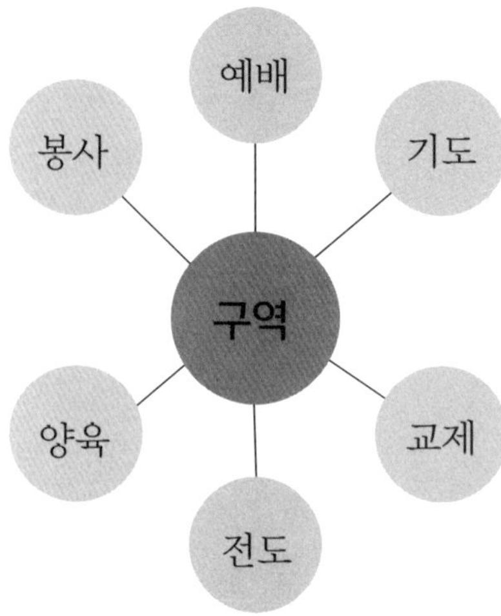

| 말씀읽기 |

땅에 있는 성도들은 존귀한 자들이니 나의 모든 즐거움이 그들에게 있도다....내게 줄로 재어 준 구역은 아름다운 곳에 있음이여 나의 기업이 실로 아름답도다(시 16:3, 6)

이 말씀은 구역과 구역장에게 힘을 주는 시편이다. 하나님은 땅에 있는 성도들을 존귀히 여기신다. 그 이유는 하나님이 그들을 조성하셨을 뿐 아니라 그들을 구속하고 지명하여 불러서 소유하셨기 때문이다.

그러므로 하나님은 성도들을 보배롭고 존귀하게 여기시며, 또 그 어떤 것을 희생시킬지라도 바꾸지 않는 특별한 사랑으로 그들을 사랑하신다.

이렇게 존귀하게 여기는 성도들을 줄로 재어 구역장에게 맡기셨다. 예수께서 베드로에게 자기 양을 맡기듯이(요 21:15~21), 바울이 밀레도 섬에서 에베소 장로들을 불러 에베소 성도들을 그들에게 맡기듯이(행 20:17~32) 주님께서 맡기셨다.

1) 구역은 교회이다.

2) 구역은 목회이다.

3) 구역은 현장이다.

4) 구역은 연결이다.

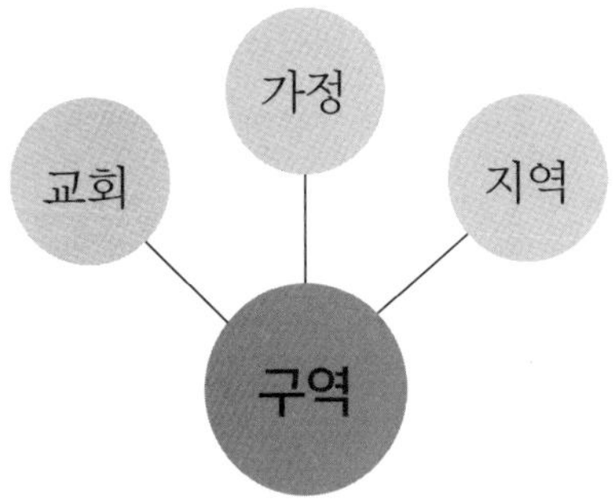

4. 구역운영의 여섯가지 요소

1) 효과적인 성경공부가 있어야 한다.

| 말씀읽기 |

모든 성경은 하나님의 감동으로 된 것으로 교훈과 책망과 바르게 함과 의로 교육하기에 유익하니 이는 하나님의 사람으로 온전하게 하며 모든 선한 일을 행할 능력을 갖추게 하려 함이라(딤후 3:16~17)

구역은 연간 또는 분기별로 계획된 성경공부를 통해 구역원의 신앙성장을 도모한다.

2) 합심기도 공동체가 되어야 한다.

| 말씀읽기 |

진실로 다시 너희에게 이르노니 너희 중의 두 사람이 땅에서 합심하여 무엇이든지 구하면 하늘에 계신 내 아버지께서 그들을 위하여 이루게 하시리라(마 18:19)

구역원들이 안고 있는 문제들을 위하여 서로 기도하며, 구역의 영적사역과 교회를 위해 집중기도를 한다.

3) 복음 전도가 활발해야 한다.

| 말씀읽기 |

너는 말씀을 전파하라 때를 얻든지 못 얻든지 항상 힘쓰라 범사에 오래 참음과 가르침으로 경책하며 경계하며 권하라(딤후 4:2)

주변에 아는 사람들과 관계를 맺어 구역모임으로 자연스럽게 초청하기도 한다. 그리고 정기적으로 짝을 이루어 지역전도를 실시한다.

4) 교회 활동이 열심이어야 한다.

| 말씀읽기 |

그에게서 온 몸이 각 마디를 통하여 도움을 받음으로 연결되고 결합되어 각 지체의 분량대로 역사하여 그 몸을 자라게 하며 사랑 안에서 스스로 세우느니라(엡 4:16)

교회는 그리스도를 머리로 한 하나의 몸이고, 성도들 하나하나는 그 몸의 지체이다. 몸의 지체는 서로 연결되어 있어야 하고 떨어져서는 안 되며, 서로는 각 마디를 통하여 도움을 받아야 한다. 구역은 지체인 성도들을 연결해 주는 살과 뼈와 근육이다.

성도는 구역을 통하여 교회의 몸에 붙어 도움을 입고 또 도와주는 봉사의 역할 곧 생명의 역할을 감당하여야 한다.

그러므로 서로간의 봉사와 교회의 봉사 또 사회를 위한 봉사를 위하여 구역은 모이는 것이다. 구역 내에서 은사가 계발되어 교회 내 전 분야에서 은사를 활용하여 봉사할 수 있다. 교회 내 적극적인 활동은 능동적인 신앙생활로 이어질 수 있다.

5) 평신도 양육이 이루어져야 한다.

| 말씀읽기 |

두아디라 시에 있는 자색 옷감 장사로서 하나님을 섬기는 루디아라 하는 한 여자가 말을 듣고 있을 때 주께서 그 마음을 열어 바울의 말을 따르게 하신지라 그와 그 집이 다 세례를 받고 우리에게 청하여 이르되 만일 나를 주 믿는 자로 알거든 내 집에 들어와 유하라 하고 강권하여 머물게 하니라(행 16:14~15)

바울이 말씀으로 루디아를 양육하여 유럽 교회 중 최초의 교회를 세웠다(빌립보 교회). 교회 내에서 쓰임받기 위해서는 양육이 필수과정이다. 양육의 기초는 말씀과 기도와 전도로서 곧 구역 시스템의 골자이다. 그러므로 구역을 통한 양육이 이루어진다.

6) 성도간의 교제가 원만해야 한다.

대그룹 혹은 전체 교인들 사이에선 참된 교제를 이루기 어렵다. 기본적인 인사를 나누는 정도이다. 그러나 구역에서는 개인의 삶을 고백하고 나누는 진실한 교제의 장이 된다.

5. 구역모임의 유익

| 말씀읽기 |

두 세 사람이 내 이름으로 모인 곳에는 나도 그들 중에 있느니라(마 18:20)

감리교 창설자 요한 웨슬레는 근대에 있어서 구역조직을 제일 잘 활성화한 사람이었다. "두 세 사람이 내 이름으로 모인 곳에는 나도 그들 중에 있느니라"(마 18:20)는 말씀을 믿고 네 사람의 옥스퍼드 대학생과 함께 소그룹운동을 전개하였다. 작은구역(속회) 조직이 폭발적인 분열을 통하여 오늘날의 감리교단이 되었다.

1) 구역모임의 환경은 위협적이지 않다.

많은 교인들은 교회 건물에 대해 부담감을 느낀다. 그러나 이웃집의 거실은 그들에게 전혀 위협적이지 않다.

2) 구역모임은 특별한 시설이 필요하지 않다.

구역모임은 가정, 사무실, 레스토랑 등 어디서나 모일 수 있다. 신약시대에 신자들은 어디서든 편리한 곳에서 만났고, 구역의 경우도 마찬가지이다.

3) 구역모임은 특별한 격식을 차리지 않는다.

구역모임은 특별한 지식이나 복장을 필요로 하지 않는다. 어떤 비신자들은 교회에서 무엇을 하며 무슨 옷을 입고 가야 할지 모르기 때문에 교회에 출석하기를 주저한다.

4) 구역모임은 친근감을 갖게 한다.

구역모임에서는 사람들이 개인적인 차원에서 서로 관계를 형성한다. 대개 사람들은 다른 이들이 자신의 이름을 알며 자신이 참석하지 않을 때 아쉬워하는 모임에 참여하기를 원한다.

5) 상호대화와 참여를 통해 사람들은 의문점에 대한 답을 찾게 된다.

많은 사람들은 성경과 다른 종교 문제에 관한 의문을 갖고 있다. 설교 도중에 설교자에게 물어 볼 수는 없지만 구역 인도자에게 물어 볼 수 있다.

6) 구역의 시간계획은 융통성이 있다.

수백명의 교인들을 위한 예배 스케줄을 변경하기란 힘들겠지만 구역모임 시간은 상황에 따라 쉽게 변경시킬 수 있다. 이처럼 구역모임의 장점은 탄력성이 있다는 것이다. 현대인들은 획일적인 것과 규칙적인 것을 거부하며 룰에 얽매이기 싫어한다. 구역은 형편과 상황에 맞게 수시로 바뀔 수 있고 다양한 적용이 시도될 수 있는 장점이 있다.

6. 구역 활성화의 문제점

| 말씀읽기 |

...온 몸이 머리로 말미암아 마디와 힘줄로 공급함을 받고 연합하여 하나님이 자라게 하시므로 자라느니라(골 2:19)

살아서 성장하는 모든 물체는 세포조직을 통해서 존재하고 세포분열을 통해서 자라난다. 교회가 하나님의 영을 가진 살아 있는 예수님의 몸인 이상 교회도 세포조직의 형태로 존재하게 되며 세포분열을 통하여 성장하게 된다.

그러면 예수님의 몸된 교회의 세포는 무엇일까? 그것은 말할 필요도 없이 구역조직이다. 일정한 지역에 3~10 가정이 한 단위가 되어 한 구역이라는 세포가 구성된다. 이 구역이라는 세포는 자체 활동을 통해서 살아 움직이고 또 성장하게 된다.

1) 구역조직의 문제점이 있다.

① 시대 흐름에 대응하지 못하는 지역중심 구역 편성 때문이다.

지역을 중심으로 한 구역조직은 분명 많은 장점을 가지고 있다. 같은 곳에 살고 있다는 것은 우리에게 많은 친근감을 준다. 그리고 구역관리적인 면에서도 효율적이다. 심방과 행정적인 면에서도 용이하다. 그러나 이 지역중심의 조직은 농경생활의 영향이 있는 세대에서는 유용한 조직이 될 수 있었지만, 이제는 이러한 장점보다는 단점들이 대두되는 시대가 되었다.

② 남성이 배제된 구역모임 때문이다.

구역모임에 있어서 가장 어려웠던 점이 남성들의 참석률 저조였다. 왜냐하면 주로 금요일 오전에 구역모임이 이루어지기 때문이다.

남성들은 거의 직장에 매여 있다 보니 적당한 시간에 여유를 가지고 구역모임에 참석하기가 힘들었다. 그러다 보니 구역모임은 주로 낮에 이루어지는 여성모임으로 전락하고 말았다. '구역여성모임'이라는 단어가 더 잘 어울릴 것이다.

③ 21C 맞벌이 부부가 많다. - 여성취업자에게 닫혀진 구역

이제는 여성의 사회 진출이 늘어났으며, 앞으로 이러한 추세는 더욱 가속화 될 것이다. 지금까지 여성이라도 모였기에 구역의 명맥이라도 유지했지만 이제는 여성 성도조차도 함께 모이기 힘든 시대가 되었다. 이미 구역모임에 여성 성도들조차 모두 참여할 수 없다.

직장 때문에 구역모임이 제대로 이루어질 수가 없다.

남자 성도들뿐 아니라, 여자 성도들도 직장으로, 아이들은 학교나 학원으로 가족이 모두 뿔뿔이 흩어져 있는 현대인의 삶에 구역은 새로운 대안을 내어놓아야 할 것이다.

④ 목회자나 구역장의 심방목회의 한계가 있다.

목회자나 구역장의 심방은 성도의 신앙을 보살피고 교회와의 관계를 이어주는 훌륭한 도구임에 틀림없다. 심방을 통하여 심방을 받는 자로 하여금 더욱 신앙에 열심을 내게 하고 그리스도인으로 바로 서게 한다. 그러나 현대목회는 심방조차도 할 수 없는 여건이 되어간다. 아무도 없는 집에 초인종만 누르다가 메모만 남기고 와야 하는 현실 앞에서 구역모임을 통한 효과적인 심방을 위한 대안이 요구된다.

⑤ 개인주의화 된 사회 때문이다.

바쁘고 개인화 된 핵가족 사회에서 과거 농경사회의 분위기를 살리기는 힘들다. 여유보다는 바쁜 시대가 되었고, 각 가정의 형편과 처지를 속속들이 알 수 없는, 곧 구역의 가족 구성원이 누구이며 무슨 일을 하는지조차도 알 수 없고 물을 수도 없다.

서로간의 처지와 형편이 다르기에 구역모임에 참여하기는 더욱 어려워졌다. 서로간에 간섭하기 싫어하고 자기의 필요가 채워지지 않으면 상관하기 싫어하는 다음 세대에서 이대로의 구역모임은 한계를 드러낼 것이다.

⑥ 다양한 계층과 가정환경 때문이다.

현대는 성도의 요구와 삶들이 다양해진 사회이다. 예전에는 같은 삶, 같은 배경, 같은 수준, 공통의 관심과 요구가 있었지만, 지금은 너무나 다른 직업, 각양의 관심 등 한 교회 안의 성도의 삶이 각각 다르다. 이런 면에서 교회 안의 소그룹이 지역중심의 구역 하나만 존재한다는 것은 교인들의 삶과 욕구들을 외면한 것이나 다름없다. 예를 든다면, 교회 안에 사별하거나 이혼한 가정이 얼마나 많은가? 교회는 특별한 환경을 가진 사람들을 위하여 특별한 소그룹을 만들어야 한다.

대형화된 교회일수록 구역의 성격을 다양화하거나, 구역 외에 다양한 소그룹들을 만들어 교인들이 다양한 소그룹에 소속되어 신앙의 삶을 영위할 수 있도록 해야 한다. 다양한 소그룹 공동체를 통하여 여러 환경의 교인들은 적절한 교회 공동체의 모습들을 체험할 것이다.

2) 구역장에게 문제점이 있다.

| 말씀읽기 |

그가 그리스도의 일을 위하여 죽기에 이르러도 자기 목숨을 돌보지 아니한 것은 나를 섬기는 너희의 일에 부족함을 채우려 함이니라(빌 2:30)

그들은 내 목숨을 위하여 자기들의 목까지도 내놓았나니 나뿐 아니라 이방인의 모든 교회도 그들에게 감사하느니라(롬 16:4)

초대교회의 사도 바울(행 20:24), 에바브로디도(빌 2:30), 브리스가와 아굴라 부부(롬 16:4)들은 자기 목숨보다 사명을 더욱 귀하게 여겼다.
주님은 우리를 충성스럽게 여겨 구역을 맡아 성장시킬 사명을 부여하셨다. 맡은 자가 구할 것은 죽도록 헌신하는 "충성"이다. 우리가 맡은 일은 우리들의 목숨보다도 더 귀중하고 거룩한 일이다.

① 구역장의 문제
'인사가 만사'라는 말이 있다. 사실 어떠한 완벽한 조직과 프로그램이 있다 해도 준비된 사람이 없다면 절대 효율적이지 못할 것이다. 성장하고 발전하는 구역에는 반드시 말씀으로 잘 훈련된 구역장이 있다. 이들의 노력과 사랑으로 구역은 더 발전되어간다. 이들이 자신의 구역원들을 위하여 기도하고, 돌보며, 세심하게 관심을 가짐으로 그 구역은 가족과 같이 되고, 구성원들도 만족케 된다. 그러나 그 반대의 경우처럼 잘 훈련되지 못한 사람이 구역장이 될 때에는 구역원들은 관심 받지 못하고, 돌봄을 입지 못한다. 그만큼 구역은 죽어가는 것이다.

- 여의도순복음 교회 : 작은 목자론
- 사랑의 교회 : 제자훈련 + 순장교육

② 구역장 훈련의 부족
많은 교회에서 구역장의 임무를 훈련하고 있다. 그러나 구역장의 임무를 감당하기에는 너무나 부족하고, 이러한 훈련마저도 제대로 되지 않고 있다. 기독교에 대한 기본적인 지식과 이해없이, 구역에 오래 다니고

교회에 오래 다녔다고 구역장이 된다는 것은 구역장뿐만 아니라 구역원 모두에게 피해가 가는 일이다.
훈련을 위한 구체적인 양육커리(시스템)를 짜야 한다. 리더의 사명감과 기술을 큰 두 축으로 하여 리더 훈련을 위한 구체적이고 체계적인 양육 시스템을 각 교회의 상황에 맞게 개발하여야 한다.
이때 이론만이 아니라, 실천적인 교육이 되도록 염두에 두어야 효율적인 교육이 될 것이다. 리더로서의 자질과 소그룹 운영법 등을 필수적으로 가르쳐야 할 것이다. 교육의 내용이 빈약하다면 구역장들은 훈련의 중요성을 인식하지 못할 것이고, 이것은 자연히 소그룹 구역에 대한 불충성과 무관심으로까지 이어질 것이다.

③ 지도자의 인식 문제
지도자가 구역갱신에 대한 확실한 인식이 없이는 구역의 활성화는 절대 기대할 수 없다. 구역장은 시간이 되고 관리만 잘하면 된다는 생각으로 구역의 변화를 가져올 수 없다. 구역의 정체성을 이해하고, 구역을 교회성장의 방안으로만 여길 것이 아니라, 교회의 본질을 회복하는 양질의 성장을 위한 필수적인 요소로 확신하여야 한다.
목회자가 구역을 소중히 여기지 않으면 구역장들에게 그 중요성을 인식시킬 수 없고, 또한 성도들도 소그룹을 하찮게 여길 것이다.

3) 구역활동의 문제점이 있다.

① 치우친 친교중심(친교 과잉증)

구역모임이 교제중심으로 치우치다 보면 새신자의 전도에 대해서는 무관심할 수밖에 없다. 더 나아가 구역의 새로운 구성원에 대한 애착도 없을 뿐만 아니라, 혹 새로운 구성원이 있다 해도 구역모임에 끼어들기 힘든 폐쇄적인 모임이 될 수도 있다.

② 전도 기능 상실

코미스키는 기존의 미국 내 대부분의 소그룹들이 복음전도는 외면하고 자기의 살만 찌우고 있으며 재생산을 위한 준비가 전혀 되어있지 않다고 소그룹의 문제점을 지적하였다.

③ 구역예배 방식의 구태의연함

사실상 구역은 일주일에 한 번씩 각 구역별로 순서에 따른 가정에서 구역예배를 드리는 것이 전부인 것처럼 인식하는 교회들이 많은 것 같다. 그런데도 제대로 준비해서 읽어 보지도 않은 공과를 가지고 와서 일사천리로 읽어 내려가는 예배형태는 어떠한 이유를 막론하고 지양해야 한다.

④ 구역 내에서 영적체험의 빈약과 형식주의

구역의 발전은 그리스도인의 생활이 충만하고 활기가 넘칠 때에 재생산이 이루어진다. 그때는 성도들이 교제 가운데서 함께 모이기를 원하고, 하나님께서 그들이 축복하셨다는 것을 알리기를 갈망하며, 하나님의 은혜 안에서 함께 찬양하는 등 기독교인의 영적인 삶이 풍족하고 힘이 있을 때 구역이 발전한다. 그러나 많은 현대인들이 각자의 삶이 바쁘고 하나님의 말씀으로 자신을 돌아볼 여유가 없기 때문에 신앙적인 영성은 메마르고 무디어지며 하나님으로부터 멀어지게 된다.

⑤ 소외감의 증폭

현대의 다양한 계층에서 다양성을 인정하고 서로 비슷한 계층끼리 관계를 맺는 것은 구역의 친밀감을 높이는 데 유용하다. 그러나 이것이 다른면으로 보면 영적인 차별로 자리 잡을 수 있다. 경제적으로 어려운 성도가 다른 구역원에 대하여 상대적으로 부와 지위에 대한 소외감을 느낀다면 그 구역모임에 참석하기 어렵다. 이것은 온전한 교회의 모습은 아닐 것이다.

7. 구역활성화와 교회성장 방안

| 말씀읽기 |

그리하여 온 유대와 갈릴리와 사마리아 교회가 평안하여 든든히 서 가고 주를 경외함과 성령의 위로로 진행하여 수가 더 많아지니라(행 9:31)

초대교회는 하나님의 은혜 가운데 이 모든 것이 합력하여 든든히 서가고 있음을 보여준다. 예루살렘 교회에 대한 유대인의 핍박(행 8:1) 이후 유대와 갈릴리와 사마리아와 흩어진 교회는 날이 갈수록 주를 더욱더 경외하고, 보혜사 성령의 격려와 위안과 도움으로 부흥에 부흥을 거듭하였던 것이다.

1) 교회성장에 미친 구역의 영향은 다음과 같다.

- 초대교회 : 구역의 활성화
- 감 리 교 : 속회 조직의 폭발적인 성장
- 한국교회 : 여의도 순복음 교회 등

① 성도의 교제와 섬김의 기능을 하였다.
구역은 가정에서, 삶의 현장에서 일정하게 나누어진 성도들끼리 모이게 한다. 교회에서 일주일에 한 번 보고 마는 것이 아니라, 각자의 삶과 신앙의 현장에서 성도들 간에 교제하게 한다.
구역모임에서 예배와 말씀나눔을 통하여 성도들은 교제의 시간을 가짐으로 서로의 형편을 알게 되고, 서로간의 기도의 제목들을 나누게 되고, 같은 관심사를 가지고 하나가 되는 공동체를 경험하게 된다. 교회는 그리스도를 머리로 한 하나의 몸이고, 성도들 하나하나는 그 몸의 지체들이다(엡 4:15, 16).
몸의 지체는 서로 연결되어 있어야 하고 떨어져서는 안 되며, 서로 각 마디를 통하여 도움을 받아야 한다. 구역은 지체인 성도들을 서로 섬기게 하고, 더 나아가 성도들은 구역을 통하여 이웃을 섬기는 봉사의 역할을 감당하게 하는 제도이다.

구역을 통하여 성도간에 교제와 섬김뿐만 아니라 이웃에게도 봉사의 역할을 감당함으로 교회가 칭찬을 얻고 나아가 전도의 열매를 맺으며, 세상에서 그리스도인의 삶을 보여줄 수 있는 도구로서 역할을 감당한다.

② 새신자의 관리와 정착에 기여하였다.
구역은 보통 지역중심으로 되어 있기에 '같은 지역'에 거주한다는 공통점을 가지고 새신자의 친밀감을 높일 수 있는 동기가 된다. 또한 목회자의 관심과 더불어 구역장, 구역원들의 관심을 통하여 새신자가 구역의 사랑을 받게 되고, 교회에 정착케 한다.

③ 구성원들의 신앙의 성숙에 기여하였다.
구역모임에서는 예배 또는 성경공부, 신앙상담 등을 통한 신앙의 훈련과 도전, 성숙을 기대할 수 있다.
같은 성도의 입장에서 서로를 바라보며 기도하고 권면하며 서로의 신앙을 본받는 자세는 목회자의 가르침보다 더 실제적이고 친근하게 다가갈 수 있다.

④ 평신도 지도자를 많이 발굴하였다.
구역장(예비 구역장)이라는 직책은 '작은 목자'의 직책이다. 목회자가 감당할 수 없는 목회의 중요한 부분을 돕고 책임지고 감당하게 하는 중요한 직분이다. 이러한 일들을 감당하기 위해서는 준비된 사람이 필요한데, 구역은 곧 평신도로 하여금 사역을 감당케 하므로 평신도 지도자

의 발굴에 있어 중요한 통로이다.

⑤ 전도의 중심이 되었다.

구역은 교회 전도의 최전방에 있는 조직이다. 구역은 복음전도를 하는데 매우 좋은 장소가 된다. 구역원들은 대개 가까운 지역에 사는 성도끼리 편성된다. 그리고 모임은 구역원 가정을 돌아가면서 드리게 되므로 불신가족에게 복음을 전하는 접촉점이 될 수 있고, 구역모임에 부담스럽지 않게 이웃을 초청할 수 있다. 생활 속에서의 전도의 중요성이 더 강조되는 환경에서 구역은 앞으로도 전도의 중요한 기능을 감당할 수 있는 중요한 조직이다.

구역은 닫혀지고 폐쇄적인 모임이 아니라, 열려지고 나아가는 모임으로 '복음의 퍼뜨림'을 감당하여 교회의 성장을 가져온다. 구역에서 모임은 교회 안에서 세상으로 나아가는 중심이 되고 구역의 교제와 봉사의 기능들은 더욱 전도를 용이하게 하는 기능을 한다.

⑥ 성도의 관리에 기여하였다.

주일날 수많은 성도의 출결을 체크하는 것은 구역장의 도움으로 이루어진다. 구역장들은 구역구성원들의 출결을 체크하고 결석사유를 파악하여 구역구성원들을 관리한다.

결석을 할 때는 관심을 가지고 심방함으로 출석을 권유하고, 목회자와의 긴밀한 협력을 통하여 구성원들이 목회자의 직접적인 돌봄을 입게 한다.

⑦ 영적인 <u>은혜</u>를 주는 제도였다.

현대의 교인들은 주일 하루 교회에 와서 주일오전 예배를 드리는 것으로 신앙생활의 모든 것을 한 것으로 여긴다. 그러나 구역모임은 이를 보충해 준다. 주중의 구역모임에 주님의 이름으로 모여서 하나님께 예배를 드리며 이웃을 위하여 교회를 위하여 전도와 선교를 위하여 합심하여 힘써 기도한다.

⑧ 목회자의 <u>심방</u>과 <u>목회</u>의 한계를 돕는 제도였다.

많은 목회자들에게 있어 심방은 그만큼 많은 시간을 투자해야 하는 일이다. 복잡한 도시 속에서는 더더욱 많은 시간들이 필요하다.

많은 심방 속에서 목회자는 자기의 영적관리와 설교준비에 소홀할 수 밖에 없다. 그리고 심방을 통하여 젊은 직장인 부부는 만날 수도 없으며, 특별히 남자성도를 심방을 통하여 만나는 것은 거의 불가능하다.

이러한 부분이 목회자의 심방의 한계이다. 그러나 구역 구성원들을 매주 한 번 이상 심방하는 구역장의 역할은 목회자가 감당할 수 없는 심방목회의 한계를 극복하게 한다.

2) 구역조직의 갱신은 다음과 같다.

| 말씀읽기 |

너는 또 온 백성 가운데서 능력 있는 사람들 곧 하나님을 두려워하며 진실하며 불의한 이익을 미워하는 자를 살펴서 백성 위에 세워 천부장과 백부장과 오십부장과 십부장을 삼아 그들이 때를 따라 백성을 재판하게 하라 큰 일은 모두 네게 가져갈 것이요 작은 일은 모두 그들이 스스로 재판할 것이니 그리하면 그들이 너와 함께 담당할 것인즉 일이 네게 쉬우리라(출 18:21~22)

사람의 능력에는 한계가 있기 때문에, 목회자 혼자서 설교, 전도, 심방, 교육, 상담, 행정 등을 다 감당할 수는 없다. 그러므로 구역 조직을 통하여 목회자의 사역을 나누지 않으면 안 된다.
구역조직의 갱신 없이는 아무리 구역의 활성화를 외친다 해도 구역 활성화라는 열매를 거둘 수 없다. 구역조직의 갱신이 선행되어야 구역의 활성화가 따라올 수 있다.

·지역별로 나누어 구역장을 임명하는 방법

·구역장을 먼저 세우고 성도가 구역을 선택하게 하는 방법

·구역장이 구역을 개척하는 방법

·특정 목적으로 나누는 방법(나이, 은사, 취미, 직장구역 등)

·복합적인 방법 - 지역별, 나이별, 은사별 등

3) 구역모임 시간의 변경이 필요하다.

– 남성과 직장여성의 참여도 상승작용

· 주부여성 구역모임 – 주중 오전

· 직장여성 구역모임 – 격주 토요일

· 남성 구역모임 – 격주 토요일 또는 주중 저녁시간

8. 구역모임의 원칙

구역예배 준비에는 장소, 시간, 구역원 동원, 분위기 및 진행을 들 수 있는데 모든 것이 잘 준비되지 않고는 효과를 크게 기대할 수 없다. 장소는 구역 성도들의 가정을 순회하는 것이 좋으나 불신 가족의 반대나 여러 가지 사정이 있을 경우는 교회나 다른 장소(직장)를 고려해 볼 수 있겠다. 시간은 우선 모이는 가정의 편의를 따르나 가급적 온 구역원이 함께할 수 있는 시간이 바람직하겠다.

잘 정돈되고 청소된 장소, 전 구역식구가 가장 모이기에 편리한 시간, 열심히 모인 무리들, 예배 시 앉는 자리, 분위기를 장애할 아이나 잡음(전화 등) 등은 사전에 조치를 다 해놓지 못해서 예배 진행 시 분위기가 망가지고 전도되어 온 사람에게 좋지 않은 인상을 주어서는 안 되겠다. 그러므로 역동적 예배가 될 수 있도록 준비해야 할 것이다.

1) 표준안을 제시한다. 그러나 상황에 따라 자유롭게 변경한다.

2) 성경공부가 되지 않도록 유의한다.

3) 삶을 나누는 것이 핵심이 되어야 한다.
(지나치게 놀이 형식이 되지 않게 주의한다.)

4) 구역 식구가 큰 문제를 당했을 때는 순서에 상관없이 그 문제해결에 중점을 둔다.

5) 믿지 않는 사람이 참석하면 1~3주 동안은 삶을 나누고 이야기를 들어주는 것에 중점을둔다.

6) 궁극적인 목표는 전도와 선교에 있다.

TIP | 구역에서 하지 말아야 할 일

1. 돈거래 NO(다단계, 이자놀이 등)

2. 보증서는 것을 교인에게 부탁하지 말라

3. 교인들 간에 계모임 갖지 말라

4. 세상적인 호칭 NO(형님, 언니 등)

5. 부정적이고 파괴적인 험담하지 말라

6. 건전하지 못한 집회에 참석하지 말며 목회자에게 알리지 않고 아무 집회나 성경공부 모임에 참석하지 말라

7. 성경에 금하거나 신앙생활에 합당치 않는 직업이나 일을 하지 말라

|핵심포인트|

주님의 모이기를 힘써야 한다. 일주일에 한 번 교회 예배로서는 너무 부족하다. 주님의 제자가 되기 위해서는 구역의 예배와 모임을 통해 성숙해야 한다. 그래서 구역모임이 절실히 필요하다.

좋은열매 | Good Fruit

1. 오늘 내게 은혜와 도전이 되는 말씀과 실천사항을 나누어 보자.

은혜와 도전이 되는 말씀	구체적인 실천사항

2. 나에게 구역모임은 현실적으로 ______________이다.

3. 나에게 구역모임은 이상적으로 ______________이다.

4. 다함께 합심기도로 마무리하자.

   1) 구역의 예배, 교제, 전도, 봉사, 새신자 정착이 균형있게 성장하게 하옵소서.

   2) 구역장과 목회자가 하나가 되어 구역을 살리고 교회를 살리게 하옵소서.

   3) 구역의 영적 성장과 수적 성장이 이루어지게 하옵소서.

02 구역예배, 구역사역의 중심,

"예배가 삶의 핵이요, 삶이 예배의 핵심이다."

| 말씀읽기 |

그러므로 형제들아 내가 하나님의 모든 자비하심으로 너희를 권하노니 너희 몸을 하나님이 기뻐하시는 거룩한 산 제물로 드리라 이는 너희가 드릴 영적 예배니라(롬 12:1)

좋은씨앗 | Good Seed

교회(구역)는 무엇보다 예배가 살아야 한다. 예배가 살아나면 교회(구역)가 살아나고 부흥하는 것이다. 종종 비신자들로부터 이런 질문을 듣는다.
"당신, 하나님을 보았소? 지금 하나님을 보여주면 내가 교회에 가겠소."
이때 우리는 무엇이라고 대답할 수 있을까? 우리는 즉시 대답할 수 있어야 한다.
"예, 저는 하나님을 만납니다. 당신도 하나님을 만나고 싶습니까? 저와 함께 우리 교회 예배에 참석하십시오. 분명 당신도 하나님을 만날 수 있을 겁니다."

1) 위의 글을 읽고 느낀 점과 생각을 나누어 보자.

2) 하나님을 만나기 위해 예배드리는 데 방해요소는 무엇인지, 있다면 어떻게 해결하면 좋은지 서로 나누어 보자.

좋은나무 | Good Tree

1. 구역모임에는 반드시 예배가 있어야 한다.

1) 예배의 중요성에 대해 나누어보자.

____

____

예배란 인간을 위하여 성취하신 하나님의 구속적 사건에 대한 감사의 행위이다. 예배란 중생한 신자가 하나님께 기도와 찬양, 신앙고백, 뜻과 정성이 담긴 헌신과 감사의 예물 등을 통하여 존귀와 영광을 하나님께 드리며 하나님을 두렵고 떨림으로 섬기며 봉사하는 행위인 것이다.
참된 예배는 마음 중심으로부터 시작하여 외적 행위로 나타난다. 구역예배는 하나님과의 만남과 교제와 대화가 이루어지는 장(場)이다.
이것은 예배의 본질적인 의미와 의의를 밝히는 중요한 관점이라 하겠다. 즉, 예배를 통하여 하나님과의 만남이 이루어지며, 하나님을 경험하게 되며, 하나님과의 대화가 이루어지는 사건으로서의 중요성이다. 이것은 예배가 의도하는 실제적인 목표인 것이다.

결과적으로 구역 예배의 본질적인 의미는 초대교회의 모임과 같이 하나님과의 만남과 대화와 교제에 있으며, 인간은 예배를 통해서 신앙을 표현하고 신앙을 확인할 수 있는 중요한 사건이라는 것을 이해하게 된다. 작은 단위의 교회가 처음에 한 일은 하나님께 드리는 삶의 예배였다. 이들이 모여서 자기의 신앙을 나누고 체험을 나누면서 예배의 개념을 세웠고 예배의 대상에게 당연히 최고의 가치를 드리게 되었다. 단순히 예배를 드리지 않고 나를 위해 죽으신 예수 그리스도의 복음을 믿고 성령의 도우심으로 하나님께 드리는 최고의 가치 개념을 세우기 시작했다.

구역에서의 바른 예배는 삶으로 참여하여 그 가치를 드리는 예배가 되어야 함을 말한다. 하나님과의 관계를 바르게 개선하고 성령과 함께하고 진리로 예배를 드리는 것은 구역에서부터 시작되어야 한다. 예배가 살아야 성도가 살고 구역과 교회가 산다. 구역의 가장 큰 특징은 예배가 중심에 있다는 것이다. 구역의 구성원들은 예배를 통하여 삶이 변화된다.

"한 교회의 예배는 그 교회의 영적인 수준을 넘을 수 없습니다. 그만 못한 예배를 드릴 수 있으나 그것을 뛰어넘는 예배를 드리는 것은 거의 불가능합니다."

- 김남준 목사 -

그러므로 예배 없는 구역은 아무리 다른 사역을 성공적으로 해도 그것이 하나의 사회적, 교회적 봉사에 그치는 것이다. 구역사역에 있어서 예배는 기본이요 원동력이 된다.

2. 구역 예배의 목적

| 말씀읽기 |

하나님은 영이시니 예배하는 자가 영과 진리로 예배할지니라(요 4:24)

여인이 '예배할 곳'(20절)을 묻자 예수님은 '예배할 때'(21절)에 대해 말씀하셨다. 예배는 장소가 아니라 진리와 성령으로 만나는 때가 중요하다고 말씀하신다.

1) 예배는 성도의 친목이나 어떤 유익을 위한 모임이 아니라 성도가 모여 하나님께 예배드림으로 그분께 영광을 돌리는 것이다.

2) 성도들은 예배를 통하여 하나님이 주시는 은혜와 복을 받는 것이다. 그 은혜와 복에 감사를 드리는 것이다.

3) 예배는 성도가 아름다운 교제를 서로 나누는 것이다.

성도 간의 교제란 하나님의 말씀 가운데 진실한 사랑을 나누며 서로 간의 유익한 대화를 통해서 함께 성장을 이루어감을 말한다.

4) 예배는 회개를 하기 위해 드리는 것이다.

예배를 통하여 죄인이 회개하여 하나님의 자녀로서 삶을 사는 것이다.

5) 예배는 봉사하는 것이다.

예배는 주권자이시며 절대자이신 하나님을 경외하며 섬기는 것이다. 그러므로 우리는 예배를 통해서 하나님의 은혜와 복을 받을 뿐 아니라 하나님의 영광을 위해 봉사하며 섬기는 것이다.

3. 구역 예배 순서

순서	소요시간	내용
마음문 열기	10분	아이스 브레이크, 간증, 게임 등
찬양과 기도	10분	말씀과 연결된 찬양 위주로 부르기
말씀나누기(1)	20분	인도자가 주일오전 설교요약및 적용
말씀나누기(2)	30분	구역식구 돌아가면서 설교 적용 나누기
합심기도	15분	VIP, 구역목표, 개인 기도제목 등
헌금과 마침기도	5분	광고 후 기도로 마침

1) 마음문 열기

서로 안부를 묻고 인사를 나누며 모임의 분위기를 따뜻하게 만든다. 새로 참석한 사람이 있으면 간단히 소개하고 환영한다. 구성원 간에 피상적인 관계에서 더 깊은 관계가 형성되도록 인도한다. 특히 한 주간 동안 받은 기도의 응답과 삶 속에서 일어난 감사한 일과 간구해야 할 일들을 허물없이 나눌 수 있어야 한다.

2) 찬송

말씀의 주제와 연관된 찬송 중에서 아는 것을 택하고 미리 점검하여 정해 놓아야 한다. 모르는 찬송을 부른다고 당황하는 일이 없도록 주의해야 한다.

3) 기도인도

구역 성도들이 순차적으로 돌아가며 하는 것이 바람직하다. 미리 순서를 알려주어 준비토록 해야 한다. 단, 연세가 많으신 분이나 대인 공포증이 있는 분은 가급적 피하며 분기별로 미리 준비하여 기도하는 것도 좋다.

4) 성경봉독

구역 성도들이 성경을 다 펼 때까지 기다렸다가 교독하는 것이 좋다. 또한 구역 성도들이 순차적으로 돌아가면서 읽는 것도 좋은 방법이다. 속도를 잘 조절하여 읽도록 주의를 기해야 한다. 간혹 책을 읽을 줄 모르는 분이라면 구역장의 봉독이나 합독이 좋다.

5) 말씀 나누기(1~2)

단지 설교 내용만 요약하여 전달하는 것이 아니라 함께 생각하고 적용할 말씀을 찾아 한 주일 동안 생활에 적용토록 힘쓴다. 말씀이 어떻게 자신의 삶에 적용될 수 있는지에 초점을 맞추어야 한다. 적용은 각자의 삶이나 교회에 구체적이고 실제적으로 적용할 수 있어야 한다.

6) 합심기도

말씀을 정리하며 결단하게 하고 기도제목을 구체적으로 주어 간절히 기도한다. 개인적 결단에 대한 기도와 공동기도제목을 기도하고 중보할 대상을 위해서도 간절히 부르짖어 기도한다. 한 주간 만났던 VIP(전도대상자), 참석하지 못한 구역 식구들, 어려움을 당하는 구역 식구들, 개인기도 제목 등 합심하여 간절히 기도한다.

기도 방법은 통성으로 하거나 손을 잡고 기도를 하거나 구역원들이 짧게 한마디씩 기도하는 대화식 기도도 좋다. 기도회의 능력이나 크기는 기도하는 사람의 숫자에 달려있지 않다. 두 세 사람이 기도하는 것과 수백명이 모여 기도하는 것의 기도 응답의 차이가 있다고 말할 수 없기 때문이다.

다만 확신을 가지고 간절히 기도하는 것이 필요하다. 특별히 구역과 같은 소그룹에서는 너무 많은 것들을 기도하려 들지 않는 것이 좋다. 또한 자신만이 알고 있는 기도의 제목을 그룹 안에서 공개하여 기도하는 것이 좋지 않다.

7) 헌금

특별히 주님이 나를 위해 고난당하심을 기억하며 감사와 희생과 헌신의 마음을 담아 하되 처음 나온 분이 당황하지 않도록 사전에 주지시키고 준비토록 한다.

8) 폐회

주기도문으로 마치는 것이 좋다. 단, 목사님이 계실 때는 축도로 마쳐도 무방하다.

TIP | 10인 10색 예배시간

1. 설교시간에 멀거니 강단을 응시하는 멀대파
2. 주보에 밑줄 긋고 교정까지 보는 꼼꼼파
3. 졸면서 끄덕끄덕 콤마를 찍는 아멘파
4. 수시로 시계를 들여다보는 안절부절파
5. 옆 사람과 글로 대화하는 청각장애파
6. 예배 후에 있을 회의만을 생각하는 회의 염려파
7. 설교시간에만 성경 읽기에 시간 때우는 나홀로파
8. 찬송 부를 때 입만 벙긋대는 붕어파
9. 기도시간의 틈을 노려 묵상에 잠기는 기회주의파
10. 누가왔나? 안 왔나? 두리번거리며 인원 체크하는 인원 체크파악

4. 아이스 브레이크 연습

1) 나의 기질

아래의 네 가지 기질 가운데 자신의 기질 유형은 어느 것과 비슷합니까?

나는 대체적으로 ______유형이고, ______유형도 조금 가지고 있습니다.

쾌활형

사람 중심. 따뜻하고 외향적이며 사회적임. 훌륭한 응원단장, 외판원, 파티와 쇼핑을 즐기고, 사람들과 함께 하는 일은 무엇이든 좋아한다.

의지형

과제 중심. 의지가 강하고 타고난 리더형, 도전을 즐기고 책임감이 강함. 일을 잘 벌이고, 승부를 좋아하며, 기회를 놓치지 않는다.

우울형

감정 중심. 예민하고 내성적이며 창조적이고 예술적이다. 평화와 고요를 좋아하고 꿈꾸기를 즐긴다. 자신을 시로 표현할 줄 아는 작가형

냉정형

조직 중심. 믿음직스럽고 지조 있고 조직적인 사람. 일을 잘 마무리

짓고 수완이 뛰어나다. 깔끔하게 정돈된 방과 깨끗한 자동차를 좋아하며 서로 대립해있는 사람들 사이를 중재한다.

2) 당신의 삶 속에서 최고의 사람이나 최고의 것은?

□ 내가 만난 최고의 선생님은 ________이다.

□ 내가 가졌던 최고의 성취는 ________이다.

□ 내가 본 것 가운데 최고의 책이나 영화는 ________이다.

□ 내가 보냈던 최고의 휴가는 ________이다.

3) 신앙생활 알림표

① 최근에 당신이 하는 기도에 대한 느낌은?

□ **헬륨 풍선** · 나는 기도해 놓고도 그 내용을 곧 잊어 버린다.

□ **비맞은 폭죽** · 내 기도는 쓸모없는 불발탄 같다.

□ **고장난 레코드** · 내 기도는 내가 들어도 혼란스럽다.

□ **럭비공** · 내 기도는 목적지를 확실히 알 수 없다.

□ **무인도의 로빈슨 크루소** · 나는 기도 시간에 홀로 있다고 느낀다.

□ **전화기** · 나는 하나님과 전화하듯 빠르고 분명한 응답을 받는다.

□ 기타

② 당신의 교회 생활은?

□ **요요** · 그저 왔다 갔다 할 뿐 신앙을 잘 모른다.

□ **만찬** · 먹고 난 후의 만족감이 있다.

□ **유니콘** · 신앙이란 허상과 같다.

□ **후보선수** · 나는 교회에서 일하고 싶은데 청하는 사람이 없다.

□ **응급차** · 나는 교인들을 위해 출동한다.

□ **심장수술** · 나의 삶은 완전히 변했다.

□ **발바리** · 나는 다른 교회행사에도 따라다닐 만큼 열성이다.

□ **악세사리** · 교회생활은 교양을 쌓기 위한 것이다.

□ 기타

③ 예수님을 따라 살려는 당신의 노력은 무엇과 같습니까?

□ **거울** · 나는 예수님의 사랑을 잘 반영하는 삶을 살고 있다.

□ **카멜레온** · 나는 수시로 그 모습이 바뀌어 종잡을 수 없다.

□ **보통사람** · 나는 안 믿는 사람과 별 차이 없이 산다.

□ **현미경** · 이리저리 살펴도 나는 예수님을 닮아 있다.

□ **망원경** · 거리를 두고 볼 때만 나는 훌륭한 그리스도인 같다.

□ **보름달** · 나는 한 달에 한 번 정도만 그리스도인 같다.

□ **동물원** · 교회에서만 예수님을 닮은 모습이다.

□ 기타

5. 말씀 나누기(1) 실제 연습 : 주일 오전 설교(요약문)

제목 : 선한 청지기

본문 : 벧전 4:7~11

만물의 마지막이 가까이 왔으니 그러므로 너희는 정신을 차리고 근신하여 기도하라 무엇보다도 뜨겁게 서로 사랑할지니 사랑은 허다한 죄를 덮느니라 서로 대접하기를 원망 없이 하고 각각 은사를 받은 대로 하나님의 여러 가지 은혜를 맡은 선한 청지기 같이 서로 봉사하라 만일 누가 말하려면 하나님의 말씀을 하는 것 같이 하고 누가 봉사하려면 하나님이 공급하시는 힘으로 하는 것 같이 하라 이는 범사에 예수 그리스도로 말미암아 하나님이 영광을 받으시게 하려 함이니 그에게 영광과 권능이 세세에 무궁하도록 있느니라 아멘

"만물의 마지막이 가까이 왔으니"(7절) 방탕 대신 근신이(7절), 주색 대신이 사랑이(8절), 술잔치 대신에 손님대접이(9절), 착취 대신에 봉사가(10~11) 신자의 생활방식이 되어야 한다.

불신자들이 방탕한 생활에 빠지는 것은 말세의식과 심판의식이 없기 때문이다. 그러나 신자들은 현세의 모든 삶에 대해서 하나님 앞에서 최종적인 책임을 져야 한다는 의식이 있기 때문에 하나님의 뜻대로 살아가는 것이다.

여기서 "마지막"(7절)은 완성될 구원(1:5,9절)의 목표점과 동시에 복음을 거절하는 자들의 종착점이기도 하다.

"지금은 행동할 시간은 있되 낭비할 시간은 없는 마지막 때입니다."

1) 기도하는 청지기이다(7절).

① 정신 차리고 기도하라!

'정신 차리다'라는 말은 '똑똑한 정신을 가진다.', '건전한 마음을 가진다.'라는 뜻으로 결국 올바른 마음을 가지고, 청결한 마음을 보존하며, 합리적이고 분별력을 가진 세심한 사람을 가리키는 것이다.

② 근신함으로 기도하라!

'근신하다'라는 말은 '술 취하지 않다.', '자제하다'인데 이는 곧 자신을 다스리는 자제성을 의미한다. 선한 청지기는 기도하는 청지기로서, 바른 마음을 가짐으로써 자신을 다스리며 기도하는 자임을 가르쳐 주고 있다. 만일 그리스도인들이 기도하지 않고 잠잠하면 돌들이 소리 지를 것이다. 성도가 하나님께 기도하는 것은 마지막을 보는 성도들에게 필수적인 영적 신앙무기인 것이다.

2) 사랑하는 청지기이다(8절).

8절에서 "무엇보다도 뜨겁게 서로 사랑할지니 사랑은 허다한 죄를 덮느니라"라고 말씀했다. 기독교는 사랑의 종교이다. 사랑하는 자는 하나님께 속하였다고 사도 요한은 말했다. 상대방이 내게 잘못한 것들을 내 기억의 컴퓨터에 입력하고 영구적으로 저장하는 것은 사랑의 본질에 어긋나는 편협성이다.

선한 청지기의 사랑은 첫째는 '열심으로' 곧 전속력으로 달리는 말을 묘사하거나 혹은 운동선수의 팽팽한 근육처럼 격렬하고 분투적인 부단한 노력을 하는 열성적인 꾸준한 사랑이며, 둘째는 형제의 죄를 덮어 줌으로써 나타난다. 여기서 '허다한 죄'란 말은 많은 죄를 가리키며, '덮느니라'란 말은 '감춘다, 보이지 않게 한다'란 말로서 용서를 뜻하는 말이다. 죄에 대한 근본적인 해결책은 아가페 사랑이다.

3) 각각 은사받은 대로 봉사하는 청지기이다(9~10절).

사랑의 구체적인 한 표현은 "원망 없이 손님대접하라"(9절)는 것이다. "원망 없이"란 말은 '불평 없이, 인색함 없이, 밀담이 없이'란 말로 형제를 대접할 때 '수근거리며 비방과 원망이나 인색함 없이 대접하라'는 말로 이는 참 사랑으로 대접하라는 말씀이다. 박해의 상황에서 그리스도인들이 나그네처럼 이러저리 쫓겨다닐 때에 그들은 재정적인 부담 때문에 숙박시설을 이용하기도 힘들었을 것이고, 그 빈약한 시설에서 제대로 휴식을 취할 수도 없었을 것이다. 그래서 베드로는 성도들에게 그런 그리스도인들을 후하게 대접하라고 권고하는 것이다. 서로를 대접하고 난 후에는 그리스도의 향기만 남아야 한다.

4) 하나님의 영광을 나타내는 청지기이다(11절).

11절에서 선한 청지기는 범사, 곧 기도생활, 사랑하는 생활, 봉사하는 생활 전체를 통하여 그 목적이 오직 하나님의 영광(하나님의 이름을 드러내며 높이는 일)을 위한 데 있으므로 그 모든 생활을 통해서 하나님의 영광을 나타낸다. 참으로 훌륭하고 아름답고 귀한 청지기이다. 은사로 봉사하는 자는 그것이 자신에게서 기원된 것처럼 자신의 능력을 과시하는 자세로 봉사하면 안 된다.

사람들이 보는 앞에서 인간의 능력으로 자신의 신분과시를 위해서 은사를 행사하면 바로 피곤해지고, 하나님에 대한 신앙이 성숙하기보다는 자신에 대한 자만이 부풀어 오른다. 바로 뒤이어 나오는 "하나님의 영광"이 이런 태도를 바로 잡아 주는 것이다.

은사가 사용되고 난 후에도 오직 하나님의 영광만 빛나야 한다.

[결론]

선한 청지기는 하나님의 영광에 구멍을 내는 두더지들이 되면 안 된다. 하나님의 영광에 구멍을 내서 자신의 이름을 높이려는 자는 마침내 그 구멍이 자기를 허무는 구멍이 된다는 것을 명심해야 한다.

6. 구역 예배 후 진솔한 교제

| 말씀읽기 |

형제가 연합하여 동거함이 어찌 그리 선하고 아름다운고(시 133:1)

"보라 형제끼리 한 마음으로 함께 사는 것이 얼마나 좋고 즐거운고!"(공동번역. 시 133:1) 인간이 혼자 사는 것은 불행이자 저주이다. 서로 만나 교제를 나눌 수 있는 것은 당연한 일이다. 십자가 은총의 선물이다. 그러므로 성도의 교제는 십자가 사랑으로 인하여 이루어지는 것이다.

"가족 같은 분위기"가 되기 위해서 필요한 덕목은 무엇일까?

답 : 배려, 경청, 비밀보장, 따뜻한 손길, 이해하는 사랑 등

임석종 목사의 책 <생동하는 구역, 부흥하는 교회>라는 책에서 "구역에서는 진솔한 교제가 필요하다."라고 하면서 "구역원들이 서로 마음과 삶을 깊이 나눌 수 있다는 장점이 있다."라고 했다.

세상 사람들이 교회를 바라보는 시선 중에서 가장 인상적인 것이 '성도들이 어떻게 살고 있는가'라는 것이다. 세상 사람들은 성도들을 바라볼 때 사랑과 섬김이 있어야 한다는 것을 강조하고 있다. 자기들은 그렇게 하지 못해도 성도들은 사랑으로 섬김이 있어야 한다고 강조한다.

믿지 않는 사람들이 이같이 보는 데는 이유가 있다. 그동안 그리스도인들은 삶 속에서 그리스도인답게 살지 못하면서 세상의 온갖 형태의 손가락질 받을 일을 행하며 살았다.

|핵심포인트|

구역예배가 하나님의 은혜를 공급받기에 좋은 점은 첫째, 모이는 수가 적기 때문에 말씀을 구체적으로 받고 이해할 수 있기 때문이고 둘째, 예배하는 장소가 가정이므로 한 가족처럼 밀접한 사랑의 관계에서 예배할 수 있기 때문이며 셋째, 예배 순서에 다같이 참여하므로 역동적인 예배를 드릴 수 있기 때문이다.

좋은열매 | Good Fruit

1. 오늘 내게 은혜와 도전이 되는 말씀과 구체적인 실천사항을 나누어 보자.

은혜와 도전이 되는 말씀	구체적인 실천사항

2. 주일날 교회에서 드리는 예배와 평일에 구역에서 드리는 예배는 어떤 차이점과 공통점이 있는가?

3. 당신이 교회와 구역에서 드리는 예배에서 하나님을 만나기 위해 고쳐야 할 점이 있다면 무엇인가?

4. 다함께 합심기도로 마무리하자.
   1) 구역예배가 성령의 역사로 진리의 말씀이 살아 운행하게 하옵소서.
   2) 구역식구들이 모두 예배를 통해 하나님의 은혜를 경험하게 하옵소서.
   3) 비신자들이 구역예배에 참석하여 구원을 받는 역사가 일어나게 하옵소서.

03 구역장, 작은 교회인 구역의 목자

"구역장이 살아 있다면 구역이 살고, 구역이 살면 교회도 산다."

| 말씀읽기 |

너희가 나를 택한 것이 아니요 내가 너희를 택하여 세웠나니 이는 너희로 가서 열매를 맺게 하고 또 너희 열매가 항상 있게 하여 내 이름으로 아버지께 무엇을 구하든지 다 받게 하려 함이라(요 15:16)

좋은씨앗 | Good Seed

'나 홀로 구역장'의 이야기

새해에 새로운 구역이 만들어지면서 나 구역장은 정든 구역원의 자리를 떠나 나 홀로 구역장으로서 임무를 띠고 구역 식구들을 찾아 나섰다. 처음에는 너무나 막막했다. 도저히 감당할 수 없을 것 같은 생각에 고민도 많이 했다. 그러나 일단 순종하고 기도하기로 했다. 그렇게 한 달이 지나면서 기적적으로 등록 교인 중 최근에 등록한 교인과 접촉이 이루어졌다.

우선 새댁을 집으로 초대했다. 그냥 차를 마시며 이야기나 하자는 권유로 그녀를 집으로 불러들였다. 새댁은 학생 때 신앙생활을 하다가 결혼 이후엔 전혀 신앙생활을 못했다는 이야기며, 몇 달 전에 친구의 인도로 교회에 등록했다는 이야기며, 그러다가 곧바로 친구가 이사를 가버리는 바람에 교회 출석이 거의 안되었다는 이야기 등을 재미나게 했다. 그동안 시댁에 찾아가고, 친척 모임과 남편의 일 등으로 교회에 출석하지 못했다는 이야기도 거침없이 했다. 그렇게 시간을 보내면서 젊은 새댁은 시간 가는 줄 모르고 이야기를 나누었다.

이제야 그렇게 소원하던 구역모임이 이루어진 셈이었다. 나 구역장은 새댁을 보내놓고 얼마나 울었던지!! 사실 처음 한 달 동안은 그야말로 사막에 홀로 선 기분이었다. 그렇다고 그렇게 그만둘 수도 없는 일이었다. 하나님께서 명령하신 일을 그만둘 수 없다는 확신이 들었기 때문이다. 교회에서 받은 구역장의 임무를 포기할 수 없다는 생각도 들었다. 그렇게 다짐하고부터 나 구역장의 눈물의 기도가 시작된 것이다. 나 구역장은 교회에서 주일학교 학생 전도도 해 보았고, 전도폭발 훈련자로도 몇 년째 봉사한 경험을 살려 또 다른 전략을 펴 보기도 했다. 매일 전도하러 나가서 수백 장의 전도지를 뿌렸다. 아예 전도해서 구역을 살려보려는 요량이었다.

그렇게 노력하는 나 구역장의 소원을 하나님이 응답해 주셨다. 처음 만난 새댁과 몇 주 이야기를 나눈 후에 또 다른 교인을 만났고, 한 가정이 이사오게 됨으로써 3개월 만에 서너 명이 모이는 그럴 듯한 구역모임이 된 것이었다.

그들은 모두 나 구역장의 관심과 사랑에 감동을 받았다. 그렇게 되니 모두 구역모임에 빠질 수 없을 정도가 되었다. 6개월쯤 되었을 때 구역 예배에 참석하는 인원은 6명이나 되었다. 모두 나 구역장의 기도의 열매들이었다. 구역장의 기도가 구역원들의 영혼을 건져낸 것이다. 구역장의 사랑이 구역을 살린 것이다.

지금도 나 구역장은 매일 구역원들을 위해서 기도를 쉬지 않는다. 심지어 그 가정 식구들의 이름까지 불러가면서 매일 기도의 시간을 지키고 있다. 일주일에 한두 번은 전화로 안부를 물으면서 도와줄 일이 없는지 찾곤 한다. 가끔 가정에 들러서 차를 마시며 이야기를 나누며 간절히 기도해 주고 돌아오기도 한다. 한 자매는 구역 예배 때마다 나눈 말씀으로 믿음이 쑥쑥 자라나고 있다. 다른 자매는 이사 온 지 얼마 안 되었지만 은혜를 사모하는 마음이 누구보다도 많다.

얼마 전에 이사 온 정집사 가정이 어려움을 당하기도 했지만 구역장의 위로와 격려에 감동되어 믿음이 더 성장했다고 고백한다. 새댁은 여전히 얌전히 교회를 출석하지만 구역장을 언니처럼 따르는 사이가 되었다. 그런 놀라운 일이 일어났지만 나 구역장은 겸손하게 "나는 아무것도 한 게 없어요. 하나님께서 일하신 거예요!"라고 말한다.

1) 위의 글을 읽고 느낀 점과 생각을 나누어 보자.

2) 구역장 사역을 감당하는 데 있어서 가장 어려운 점과 해결책이 무엇인지 나누어보자.

1. 평신도 사역자란?

| 말씀읽기 |

그가 어떤 사람은 사도로, 어떤 사람은 선지자로, 어떤 사람은 복음 전하는 자로, 어떤 사람은 목사와 교사로 삼으셨으니 이는 성도를 온전하게 하여 봉사의 일을 하게 하며 그리스도의 몸을 세우려 하심이라(엡 4:11~12)

본문은 11절에서 그리스도께서 사역자들을 주셨다는 사실을 말하고 있다. 그러나 그들을 주신 이유에 대해서 12절에서 말씀하고 있는 것은 단지 성도들을 온전한 데로 나아갈 수 있도록 하기 위해서 주셨다는 것이다.

그것이 중요한 이유로 언급되면서, 성도들이 온전한 데로 나아가는 것은 서로 섬기는 일(봉사)을 함으로써 이루어지는 것이고, 섬기는 일은 궁극적으로 그리스도의 몸을 세우는 일이라고 말씀하고 있다는 사실을 알 수 있다.

따라서 본문은 그리스도께서 성도들의 섬기는 일을 통하여 그리스도의 몸을 세워 온전함을 이룰 수 있도록 사역자들을 주셨다고 말씀하고 있는 것이다.

1) 평신도 사역자가 있는 교회가 건강한 교회이다.

평신도 사역자(Lay-Minister) = 평신도(Lay) + 목회자(Minister)

① 하나님의 소명을 가지고 이 땅에 태어나(소명의식)
② 하나님의 사명으로 교회와 일터를 감당하고(하나님 나라 확장)
③ 주님이 주신 사역을 성실하게 수행하는 자들이다(영적 수행 능력).

평신도들이 사역하는 시스템이 있는 교회가 건강한 교회이다. 담임 목회자가 유고되어도 변함없이 교회의 사역이 지속될 수 있어야 한다. 그러기 위해서는 훈련으로 세워진 평신도 사역자들이 일할 수 있게 해야 한다. 교회는 건물을 남기는 것이 아니라 사람을 남기는 공동체이다.

TIP | 존 우든 감독의 리더 세우기 원칙

1. 그들의 모습 그대로 받아들이라.
2. 그들이 최선을 다하고 있음을 믿으라.
3. 잘한 일은 칭찬하라.
4. 리더로서 책임을 다하라.

2) 평신도 사역자의 정체성을 회복하자.

개인적	자신의 영적 정체성을 회복하고 자신의 존재와 사명으로 살게 한다.
사회적	직장과 사회에서 그리스도인으로서 그들에게 영적 영향력을 끼치는 성숙한 삶을 살게 한다.
교회적	지도자들과 함께 사역하는 동역자들이다.

3) 평신도 사역의 영역들은 다양하다.

① 일대일 양육자

② 사역팀장

③ 구역장(목장, 셀 리더 등)

④ 소그룹 인도자

4) 평신도 사역자가 되어야 할 과정과 자질이 있다.

| 말씀읽기 |

예수께서 이르시되 나를 따라오라 내가 너희로 사람을 낚는 어부가 되게 하리라 하시니(막 1:17)

평신도들이 사역으로 부르심을 받았으며, 사역을 위한 은사를 받았고, 사역을 위해 훈련되어야 하며, 사역으로 보내져야 한다는 것이다.

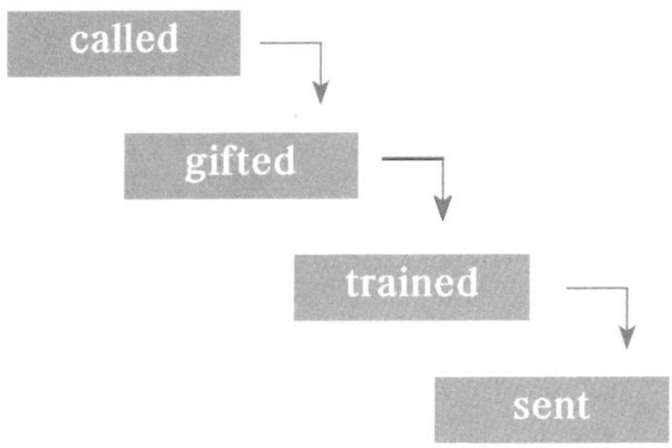

하나님이 우리에게 주신 것은 두려워하는 마음이 아니요 오직 능력과 사랑과 절제하는 마음이니(딤후 1:7)

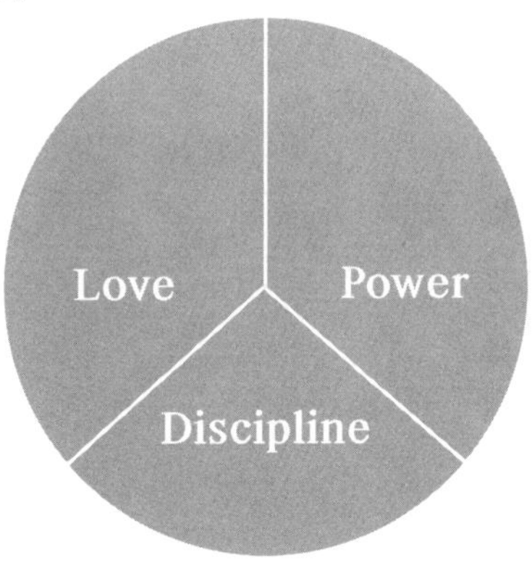

2. 구역장을 선발하는 기준

| 말씀읽기 |

그로 말미암아 우리가 은혜와 사도의 직분을 받아 그의 이름을 위하여 모든 이방인 중에서 믿어 순종하게 하나니 너희도 그들 중에서 예수 그리스도의 것으로 부르심을 받은 자니라(롬 1:5~6)

- 당신은 그들을 키우고 있는가?
- 그들을 위해 어떤 전략을 펼치고 있는가?
- 그들은 성장하고 성숙해 가고 있는가?
- 그들이 당신의 무거운 책임을 덜어 주고 있는가?

구역목회를 정의한다면 "복음을 통하여 영혼을 구원하고 구원받은 공동체가 교회의 사명을 감당케 하도록 하려는 시도"라고 할 수 있다. 구역만 활성화되고 잘 운영되면 교회는 전체적으로 성장하게 되어 있다. 구역장이 한 영혼을 위하여 눈물로 기도하면 성령이 부흥하는 역사가 일어난다. 이때 구역으로 초청된 비신자 혹은 초신자들은 성령 충만한 구역장을 통해서 믿음을 갖게 되고 성장하게 되는 것이다.

구역조직이 아무리 훌륭하더라도 구역장이 무능하면 구역조직은 아무 능력도 발휘하지 못한다. 항상 생동하는 구역조직이 되기 위해서 하나님께로부터 받은 소명의식과 사명감이 투철해야 한다.

구역에서 구역장은 세포의 핵과 같이 구역을 이끌어가는 지도자의 역할을 감당해야 할 사명과, 구역원의 질적인 신앙성장을 도모해야 할 뿐 아니라 양적인 구역성장을 위하여 열심히 전도해야 할 사명과, 언제 어디서든지 모범이 되어야 할 사명을 가지고 있다. 그러므로 구역장이 바로 서면 구역이 바로 세워진다.

구역장은 구역원들을 잘 돌보는 것과 같이 성경에서 말하는 집사의 임무인 공궤하는 일과 복음 전하는 일, 구제하는 일, 심방하는 일 등으로 목사를 돕는 자로 세워져야 한다. 구역장을 세우는 기준은 다음 몇 가지를 들 수 있다.

1) 구역장은 신앙생활의 모범을 보여야 한다.

구역장은 신앙생활 전반적인 부분에서 본이 되어야 한다(예배, 모임, 전도, 기도, 봉사, 언어생활, 가족간의 관계, 목사와의 관계, 교우간의 관계 등). 서울대의 김규현 교수는, '가장 효과적인 교수법은 role modeling'이라고 했고, 래리 리차드는 '모범은 추종자들에게 가장 좋은 영향력을 끼칠 수 있는 수단'이라고 했다.

2) 구역장은 믿음과 열정이 있어야 한다.

하나님의 일은 하나님이 하시기 때문에 구역장은 무엇이든지 할 수 있다는 확신을 가진 사람이어야 한다. 아울러 믿음에 열정까지 더해진 사람이어야 구성원들에게 영향력을 줄 수 있다. 구역장은 전도의 열정, 기도의 열정, 양육과 심방의 열정과 훈련 받을 열정, 분명한 비전과 목표를 가진 자여야 한다. 기존 구역제도에서 이름뿐이었던 구역장은 실제로 구역의 책임자로서 사명을 감당케 할 수 있도록 하여야 할 것이다.

최전방에서 교인들과 함께 동고동락하는 구역장의 헌신과 열정은 구역

활성화를 위해서 아무리 강조해도 지나치지 않을 것이다.

3) 구역장은 올바른 신앙관이 있어야 한다.

바르고 흔들림 없는 신앙관, 그리고 자신의 신앙고백을 생활 속에서 나타낼 수 있는 사람이어야 한다.

4) 구역장은 전인적인 헌신이 있어야 한다.

구역의 부흥과 성장을 위해 자신을 헌신할 수 있는 사람, 최소한 구역을 위해 물질과 기도를 아끼지 않는 사람이어야 한다.

5) 구역장은 성령 충만해야 한다.

구역을 돌보는 모든 일은 영적인 사역이므로 구역장은 성령으로 충만하여야 한다. 성령의 인도하심을 따라 기도하고 말씀 증거도 해야 한다. 성령 충만이 없으면 구역을 올바르게 이끌어 갈 수 없다.

내적인 성령의 역사가 있으면 거듭나는 것으로부터 시작해서 계속 영적으로 성장하는 가능성이 있다. 영성훈련은 성령께서 우리를 변화시키는 훈련이면서 동시에 우리를 변화시킬 수 있도록 우리가 하나님께 우리 자신을 내어드리는 훈련이다. 예수 그리스도 안에서 구체화된 하나님의 형상을 그리스도 안에서 이루어 나가는 삶의 과정이 기독교 영성의 핵심이기 때문에 모든 영성 훈련은 그리스도가 삶의 중심에 오도록 하나님과 인간 및 피조물과의 깊은 친교와 연대성을 성취하도록 돕는 전인적인 훈련이다. 이 훈련은 단지 인간의 의지로만 되는 것이 아니라 성령의 충만함을 반드시 받아야 한다.

6) 성장 가능성이 있어야 한다.

현재는 다소 미흡하더라도 사역을 통해 성장할 가능성이 있는 사람이면 쓰임 받을 수 있다. 말씀과 기도 가운데 성령의 인도함을 받아야 훌륭한 구역장으로 사역할 수 있다. 구역장은 말씀을 가르치고 설교하는 자이므로 말씀에 능통하는 자가 되어야 한다. 그러기 위해서는 먼저 성경을 열심히 읽고 듣고 배우고 암송하고 묵상해야 한다. 그리고 공과교육을 받아야 하고 개인적으로 준비, 연습해야 한다. 말씀을 자신과 구역원들의 생활에 적용시켜야 한다.

7) 소수만을 선발해야 한다.

구역장(리더) 선발 시 마지막으로 고려해야 할 사항은 소수만을 선발하여 정예부대로 만들어야 한다는 것이다. 사역의 전문가라 일컬어지는 예수님께서도 당신을 따르는 수많은 무리들 가운데 단지 12명만을 선발하여 지도자로 삼았다.

오합지졸과 같은 대중 전체를 훈련시켜 사역을 하게 하는 것보다 10%를 사역자로 훈련시켜 90%의 사람들을 섬기게 하는 것이 훨씬 더 효과적이기 때문이다.

TIP | 성공하는 구역장의 10개항

1. 내 구역 배가의 꿈을 갖는다.
2. 구역 각 가정의 자녀들 이름까지 외운다.
3. 매일 구역 발전과 구역 식구들을 위해 간절히 기도드린다.
4. 신앙생활의 체험이 깊은 모델이 된다.
5. 믿음을 키워주며 구원받아서 봉사하게 한다.
6. 예수님을 대신하는 메신저가 된다.
7. 사람을 성경으로 인도하며 그리스도 안에 살게 한다.
8. 헌 구두, 헌 모자를 쓴 사람처럼 소탈하게 먼저 인사한다.
9. 언제나 장점을 발견하며 칭찬, 위로, 격려를 아끼지 않고 남을 기쁘게 한다.
10. 영광은 하나님께, 공로는 구역원에게, 책임은 내가 진다.

TIP | 실패하는 구역장의 10개항

1. 감정이 변덕스럽다.
2. 필요 없는 말을 많이 한다.
3. 비밀을 지키지 않는다.
4. 자존심과 고집이 세다.
5. 교만하다(아는 척을 많이 한다).
6. 자기 주장이 강하다.
7. 교회와 보조를 맞추지 않는다.
8. 교인과 돈거래하는 버릇이 있다.

3. 구역장의 인격적 자질

| 말씀읽기 |

심령이 가난한 자는 복이 있나니 천국이 그들의 것임이요 애통하는 자는 복이 있나니 그들이 위로를 받을 것임이요 온유한 자는 복이 있나니 그들이 땅을 기업으로 받을 것임이요 의에 주리고 목마른 자는 복이 있나니 그들이 배부를 것임이요 긍휼히 여기는 자는 복이 있나니 그들이 긍휼히 여김을 받을 것임이요 마음이 청결한 자는 복이 있나니 그들이 하나님을 볼 것임이요 화평하게 하는 자는 복이 있나니 그들이 하나님의 아들이라 일컬음을 받을 것임이요 의를 위하여 박해를 받은 자는 복이 있나니 천국이 그들의 것임이라(마 5:3~10)

구역장의 꼴불견

- 자기가 맡은 일과 행동에 책임을 지지 않으려 할 때
- 책임을 다하여 약속을 지키지 않을 때
- 신앙의 본이 되지 못할 때

1) 영적으로 부족함을 느끼는 사람이다.

마음을 비우고 자기 의존적 태도를 버리며 철저하게 자기를 부인하는 것을 뜻한다. 심령이 가난한 자는 자신의 부패성을 고백한다. 자신이 더러운 죄인임을 아는 사람, 구원받기 위해서 자신이 할 수 있는 것은 아무것도 없다는 것을 아는 사람, 그리고 왜 이렇게 죄가 많은지 왜 이렇게 실수가 많은지 왜 이렇게 더러운 것이 많은지 괴로워하고 울면서 회개하는 사람, 무슨 일이든지 나의 생애를 주님이 이끄시는 대로 맡기고 나아가는 사람, 주님을 닮고 싶어서 하나님의 말씀을 알고 싶어서 의에

주리고 목말라 하는 심령으로 나아오는 사람, 이런 사람이 복있는 사람이다. 주님께서 말씀하신 진정한 '복'을 소유한 사람은 바로 이런 사람이다.

2) 영적인 애통이 있는 사람이다.

영적으로 주님을 닮지 못하는 것에 대한 애통함이며, 죄와 불순종에 대한 애통함이다. 영적으로 열매가 부족하고, 하나님에 대하여 미지근하며, 그에게서 멀어지고, 그리스도를 닮지 않는 자신을 자각할 때 애통하게 된다. 애통한다는 것은 자기의 열등감이나 자기 연민에 빠져서 슬퍼하는 것이 아니다. 자기 신세가 너무나 한심하고 불쌍해서 우는 것이 아니다. 또 속임을 당했을 때, 손해를 보았을 때, 자기의 생각대로 되지 않을 때 나오는 눈물이 아니다. 영적인 애통의 바른 뜻은 우리 안에 있어야만 하는 것이 없음으로 인해서 그리고 우리 안에 없어야만 하는 것이 생김으로 인해 마음 아파하는 것이다.

이는 우리 안에 마땅히 하나님의 성품을 소유하여야 하는데 하나님의 성품이 없음으로 인해서 마음 아파하는 것이다. 반면에 없어져야 할 죄악이 우리 안에 자리 잡고 있음으로 인해서 이 죄가 우리를 지배하고 있다는 사실로 인하여 마음 아파해야 한다.

3) 영적으로 온유한 사람이다.

본질적으로 자신의 권리를 주장하지 않는 마음이며 항상 타인의 유익을 위하여 자신의 특권을 기꺼이 포기할 수 있는 마음의 상태이며 하나님의 계획을 기쁨으로 받아들이기 위해 기꺼이 자신의 계획을 포기할 줄 아는 마음이다. 진정한 온유는 진리 때문에 자유한 성품이다. 생래적 기질이 아니다. 하나님으로부터 독립적으로 사고하고 행동하다가 좌절하는 자가 아니다. 자신의 목적에 맞지 않는 것들은 무엇이든 방해물로 여기는 환경의 희생자가 아니다. 그들은 선한 일을 하려는데도 발에 쇠사슬과 영혼에 족쇄가 채워진 자이다.

온유한 자는 겸손한 자, 심령이 가난한 자, 온순하고 온화하며 친절하고 너그러운 자이다. 또 그들은 비난과 공격과 도전에 대항하여 싸우지 않고 스스로 보복도 하지 않는다. 이것은 선천적인 성품에서 나온 것이 아니라, 오히려 성령의 능력으로 말미암아 우리 속에 체득되어지는 것이다.

4) 영적인 갈망이 있는 사람이다.

첫째, 세상에서 가장 행복한 사람은 거룩한 삶에 대해 억제할 수 없을 정도로 갈증을 느끼며 끝없이 배고파하는 사람이다. 무엇보다도 먼저 우리는 하나님 앞에서 우리의 완전한 영적 파탄을 자백하며 심령이 가난하게 되어야만 한다.

둘째, 우리는 영적 파탄의 원인인 우리의 죄, 곧 우리의 타락한 본성의 부패와 세상에서의 죄와 사망의 노예가 된 것에 대해서 애통해야만 한다.

셋째, 우리는 영적인 가난함이 하나님께는 물론 다른 사람들에 대한 우리의 행동에 있어서 절대적으로 필요한 것이 되게 하며, 다른 사람들에게 온유하고 겸손하고 친절해야 한다. 그리고 넷째, 의에 주리고 목말라야 한다. 만약 그렇지 않으면 우리의 죄를 고백하고 슬퍼하는 것과 우리 자신에 관한 사실을 하나님과 사람들에게 털어놓는 것이 무슨 소용이 있겠는가? 죄를 고백하는 것은 의에 대한 굶주림을 야기시켜야만 한다.

5) 긍휼히 여기는 사람이다.

긍휼이란 "비참한 상태 속에 있는 사람을 불쌍히 여겨서 동정하고 친절히 대하는 것이며 힘써 그를 이해하고 사랑하며 돕는 미덕"을 말한다. 심령이 가난한 자는 자기 죄를 보며 애통해 하고, 애통하는 사람은 온유한 심령으로 하나님께 순종을 하며, 온유한 사람은 의에 주리고 목마른 심령이 되어서 하나님의 의로 배부름을 얻게 된다.

하나님의 의로 충만해진 사람, 하나님의 의로 배부름을 얻은 사람은 이제 다른 사람들에게 긍휼을 베풀어야 한다.

6) 청결한 마음을 가진 사람이다.

'마음이 청결한 자'란 예수 그리스도로 말미암아 속죄함을 받아서 그 마음에 더러움이 없고 거짓이 없는 정직한 자를 말한다. 우리 자신을 향하여 우리는 엄격해야 하며 어떠한 변명도 허락해서는 안 된다. 다른 이들을 향하여 우리는 긍휼을 베풀어야 하며 그들이 받을 만한 것보다 더 주어야 한다. 그러나 하나님을 향해서 우리는 마음이 순수해야 하며, 그분 이외의 어떤 것도 추구하지 말아야 한다. 마음이 청결한(순수한) 자들을 위한 보상은 하나님을 보는 것이다.

7) 화평을 조성하는 사람이다.

화평하게 하는 자는 어떤 사람인가? 단순히 자기 마음속에 평화를 원하고 평화를 간직하고 있는 사람인가? 아니다. 여기서 '화평하게 하는 사람'은 한 걸음 더 나아가 적극적인 의미로 평화를 만드는 사람이다. 화평을 조성하는 사람이다. 싸움이 있으면 말리고 서로 화해를 시키는 사람이다. 평화를 만들고 평화를 유지하기 위해서 할 수 있는 모든 것을 다하는 사람이 바로 '화평하게 하는 자'이다.

여기에서 기억해야 할 것은 화평하게 한다는 말과 진정시킨다는 말을 같은 의미로 이해해서는 안 된다는 것이다. 이 축복이 말하고 있는 화평은 문제를 회피하는 데서 오는 가짜 화평이 아닌, 상황이 요구하는 온갖 희생의 댓가를 지불할 각오가 되어 있는 것으로부터 오는 참다운 화평을 말하기 때문이다. 쉽게 분을 품지 않는 그들은 남의 화를 건드리지 않을 뿐만 아니라 오히려 사랑과 선한 일을 사명으로 베푼다.

8) 의를 위하여 박해받는 사람이다.

복음의 문 앞에서는 가난하고 겸손한 마음을 지녀야 하고, 그 문 안에 들어서면서는 먼저 죄를 뉘우치는 애통이 필요하며 그 결과로 마음이 온유하여지고 방향을 돌이켜 의를 추구하게 된다. 의에 만족을 얻으면 남에게 긍휼을 베풀게 되고 이런 역사를 통해서 마음이 청결케 되고 사람 간의 화평을 달성한다. 그리고 마지막으로 의를 위해 박해를 감수하는 최고도의 은총에 이르는 것이다.

토마스 왓슨이라는 유명한 설교가는 "가짜 성도들은 예수님을 따라서 감람산까지는 따라 갈 수 있다. 그러나 갈보리까지는 따라 갈 수 없을 것이다."라고 말했다.

즉, 진정한 성도는 그리스도와 더불어 박해도 기쁘게 받을 것이라는 의미이다. 연단의 풀무불 속에서 모든 찌꺼기가 녹는 것과 같이 박해는 그리스도인의 신앙을 더욱더 순수하게 하는 것이며 거룩한 성품을 완성하는 하나님의 방법임을 알아야 하겠다.

TIP | 사탄의 8복

목사의 실수에 마음 뺏긴 자는 복이 있나니,
그는 설교로부터 아무것도 얻지 못할 것이요,
교회 일에 무관심한 자는 복이 있나니,
그는 교회가 망해가고 있다는 소문이 나게 할 것이요,
험담하는 자는 복이 있나니,
그는 내가 가장 기뻐하는 분쟁을 일으킬 것이요,
쉽게 상처받는 자는 복이 있나니,
그는 쉽게 화를 내고 교회를 떠날 것이요,
하나님을 사랑한다면서 형제를 미워하는 자는 복이 있나니,
그는 영원히 나와 함께 있을 것이요,
말썽을 일으키는 자는 복이 있나니,
그는 마귀의 자녀라 일컬음을 받을 것이요,
하나님께 드리기를 주저하는 자는 복이 있나니,
그는 교회를 빚 투성이로 만들 것이요,
기도할 시간이 없는 자는 복이 있나니,
그는 내 소유가 될 것이라.

4. 구역의 상담과 심방

| 말씀읽기 |

예수께서 그 곳에 이르사 쳐다 보시고 이르시되 삭개오야 속히 내려오라 내가 오늘 네 집에 유하여야 하겠다 하시니 급히 내려와 즐거워하며 영접하거늘(눅 19:5~6)

심방의 기원은 사람이 하나님을 찾는 것이 아니라, 하나님이 범죄한 인간을 찾아오신 것에 기인하고 있으므로 이는 매우 중요하다. 또한 초대교회 때에 사도들이 교회를 순회하고 그리스도인들의 가정을 방문한 것에 그 기원을 두고 있다.

심방은 목회자나 권사나 구역장 등 교회로부터 위임받은 자가 교우들을 찾아가 위로와 권면과 친교 등을 통하여 신앙성장을 돕는 일이다.

심방자는 심방을 통하여 그들 가정과 개인이 지닌 문제들을 성경의 말씀으로 해결하여 주고 사랑의 마음으로 위로를 더하고, 함께 기도함으로새로운 차원의 희망과 신앙의 힘을 공급해 주는 일을 담당한다. 그러므로 심방은 곧 하나님의 백성을 찾아가서 방문하여 잘 돌보는 일이다(행 7:23, 8:14, 15:36).

1) 구역 상담은 이렇게 하자.

상담이란, 문제를 지닌 내담자와 그 문제 해결을 도와주는 자, 곧 상담자와의 상호작용이다. 구역의 신앙상담은 구역원들이 하나님을 알아가고, 성경원리에 따라 행동하도록 돕는 중요한 신앙교육 활동이다.

2) 신앙 상담 10계명이 있다.

① 기도로 준비하라.

교사는 늘 하나님의 도우심을 구하는 상담 자세를 갖는 것이 필요하다.

② 상담 분위기를 조성하라.

학생의 마음을 열 수 있도록 가벼운 대화를 나누면서 편안한 분위기를 유도한다.

③ 말하기보다는 들어주라.

잘 들어주기만 해도 상담의 70~80%는 성공한 것이다.

④ 적절한 질문을 사용하라.

호감을 끌 수 있는 질문을 준비하여 적절히 사용하면 효과를 배가시킬 수 있다.

⑤ 대화에 진지함을 보이라.

진지하게 대화에 임하면 학생은 곧 교사에 대해 신뢰감을 갖게 된다.

⑥ 문제를 정확히 파악하라.

훌륭한 상담자란 주제를 모아가면서 동시에 이면의 문제도 파악하는 사람이다.

⑦ 어휘 선택에 신중을 기하라.

상담에는 강요와 지시의 어휘보다는 격려와 설득의 어휘가 적합하다.

⑧ 섣부른 결론을 피하라.

교사는 학생이 스스로 문제를 해결하도록 도와주는 사람이지 문제를 해결해 주는 사람이 아니다.

⑨ 지속적으로 관리하라.

상담을 한 번의 과정으로 해결하려고 하는 것은 무리이다.

⑩ 기도로 마치라.

배후에서 역사하시는 성령의 도우심을 구하고, 성경적인 결과를 기대하라.

3) 구역 심방은 이렇게 하자.

① 직접 심방을 하라.

② 전화 심방을 하라.

③ 편지나 카드 심방을 하라. - 주보 발송, 축하카드

④ 위임 심방을 하라.

TIP | 심방시 주의할 점

1. 약점을 말하지 말라.

2. 자기 자랑이나 교파 자랑을 하지 말라.

3. 자기 말만 하지 말라.

4. 설교조로 말하지 말라.

5. 상대방의 인격에 손상을 주지 말라.

6. 너무 길게 끌지 말라.

7. 몸단장을 깔끔하게 하라.

8. 될 수 있는 대로 방에(밀폐된 공간) 들어가지 말라.

9. 농담을 하지 말라.

5. 구역장의 사역 서약

| 말씀읽기 |

너는 또 온 백성 가운데서 능력 있는 사람들 곧 하나님을 두려워하며 진실하며 불의한 이익을 미워하는 자를 살펴서 백성 위에 세워 천부장과 백부장과 오십부장과 십부장을 삼아(출 18:21)

여기서 모세가 중간 지도자를 세우는 기준과 자질이 나온다. 첫째는 하나님을 두려워하며 진실한 자이다. 둘째는 불의한 이익을 미워하는 자이다. 구역장을 철저히 훈련시켜 구역으로 파송하는 것은 분명 평신도를 깨워 목양 의식을 심어주는 것과 동일하다.

대개의 교회들이 연초에 새로운 구역편성을 발표하면서 더불어 구역장을 서면으로 소개하거나 임명하는 것으로 한 해를 시작한다.

그러나 구역 부흥이 구역장에게 달려있는 만큼 구역장에게 책임감과 함께 권위를 공개적으로 부여해 줄 필요가 있다.

먼저 구역장은 사역 서약서를 자필로 서명하여 교회에 제출한다. 그리고 구역장 파송식 때 반드시 하나님과 성도 앞에 서약을 한다. 구약장 서약서는 간단하면서 강한 동기부여와 구역 사역의 핵심 내용이 담겨 있어야 한다.

| 구역장 사역 서약서 |

나 ___________(은)는 이제 구역장이 됨으로

주님과 주님의 교회와 구역을 위하여 최선을 다하여

사역할 것을 하나님과 교회와 성도 앞에 서약합니다.

1) 매일 한 번씩 구역식구를 위해서 기도하겠습니다.

2) 주중에 한 번 이상 구역식구와 전화 통화 하겠습니다.

3) 구역모임에 빠진 사람도 반드시 주중에 한 번 이상 만나겠습니다.

4) 주중에 한 번 이상 구역식구와 사랑의 교제를 나누겠습니다.

5) 구역식구의 가족 상황을 철저히 파악하겠습니다.

6) 구역식구의 경조를 빠짐없이 챙기겠습니다.

7) 만나면 한 번 이상 구역식구를 칭찬하겠습니다.

8) 담임 목사의 목회 방침에 순종하겠습니다.

9) 정기적인 구역장 훈련에 필히 참석하겠습니다.

10) 구역식구들의 영적 상태를 점검하여 교역자에게 보고하겠습니다.

11) 성령 충만을 위해서 늘 기도와 말씀으로 무장하겠습니다.

12) 구역을 배가시킬 계획을 세우고 실천하겠습니다.

년 월 일

_________ 교회 서약인 _________인

6. 구역장 파송식은 이렇게 하자.

| 말씀읽기 |

내가 또 주의 목소리를 들으니 주께서 이르시되 내가 누구를 보내며 누가 우리를 위하여 갈꼬 하시니 그때에 내가 이르되 내가 여기 있나이다 나를 보내소서(사 6:8)

'내가 여기 있습니다. 준비가 끝났으며 각오가 되었습니다. 주님께서 나를 파견해 주십시오!'라는 의미이다. 구역장 사역은 나의 힘과 노력이 아닌 오직 하나님의 은혜와 능력으로만 가능한 일이다. 구역 사역이 교회성장의 열쇠이기에 구역장의 역할은 두말할것없이 중요하다. 그러므로 구역장을 세우는 일에 더욱 비중을 둘 필요가 있다. 그런 의미에서 단순히 '구역장 임명'이 아니라 구역장에게 구역의 전권을 위임하여 파송한다는 뜻에서 '구역장 파송식'을 거행한다. 구역장 파송식은 주일 낮 예배 중에 해야 교인들에게 구역사역과 구역장의 중요성을 일깨울 수 있고, 구역장에게도 사명감을 높이고 격려해 줄 수 있다. 파송식의 내용에는 구역장들이 제자리에서 아니면 앞으로 나와 '사역 서약'을 선언하고 구역별 혹은 교구별 사역 목표를 발표한다. 이때는 헌신을 다짐하는 차원에서 특별찬양을 모든 구역장들이 부를 수 있다. 한편 화답하는 차원에서 목사님과 성도들이 축복과 격려를 해 준다. 파송에 걸맞은 찬양을 불러주거나 구역원들이 꽃을 선물할 수 있고 우레와 같은 박수로 격려할 수 있다. 마지막으로 전교인이 합심하여 축복과 파송의 기도를 드림으로 축제적인 파송식을 갖는다. 이와 같은 장면을 사진에 담아 구역장들에게 나눠주거나 교회당의 적당한 곳에 부착하여(구역 현황판) 지속적인 사기를 독려할 수 있다.

| 구역장 파송식 순서 |

구역장 파송식 선포 .... 담임 목사

구역과 구역장의 중요성에 대해 간단히 언급하고 구역장 파송식을 선포한다.

구역장 입장 ———— 구역장들

구역장은 옆자리에 교구별로 앉았다가 질서 있게 나온다. 교구 깃발이 있으면 교구장이 깃발을 들고 앞장서서 입장한다. 힘찬 반주와 성도들의 뜨거운 박수로 격려한다.

구역장 사역 선언 ———— 구역장 대표자

구역장 대표자가 마이크에 대고 선 창하면 구역장들이 오른손을 들고 따라 한다. 성도들도 함께 오른손을 든다.

구역장 파송장 수여 ———— 담임 목사

교구별로 구역장 대표자에게 수여한다.

교구별 구역사역 목표 발표 ———— 교구별 대표자

파송의 노래 ———— 다같이

다같이 격려와 축복의 손을 내밀고 찬양한다. 찬양하면서 교회에서 미리 준비한 꽃과 구역에서 준비한 편지를 구역장들에게 준다.

합심기도와 축복기도 ———— 담임 목사

7. 구역 사역 보고서는 이렇게 작성하자.

전통적으로 한국교회 대부분이 주일오후 예배를 찬양중심으로 구성하고 있다. 그래서 '주일오후 찬양예배'라는 명칭이 붙여진다. 그런데 역동적 구역사역의 교회가 되려면 주일오후 예배를 구역사역 보고 중심으로 구성할 필요가 있다. 한 주간 동안 구역에서 실시한 사역들 곧 예배와 선교와 전도 내용들을 보고하는 것이다. 기본적으로 준비된 양식에 기록하여 제출하고 모든 구역 가운데 몇 개의 구역이 대표로 앞에 나와 보고하는 것이다. 또한 비신자를 구역집회에 초청한 결과나 그로 인한 최근 등록자가 있다면 공개적으로 보고해도 된다. 때로는 전도현장을 음성이나 사진, 동영상 등으로 녹취 촬영하여 보고하면 훨씬 더 현장감 있고 교인들의 적극적인 참여를 이끌 수 있다. 이와 같은 사역 보고 중심예배는 소극적인 태도의 기존예배보다 훨씬 뜨겁고 도전도 주고 생동감 넘치는 예배로 전환시켜 준다.

__________구역 보고서

년　월　일

구역장(　　　)　모인 장소(　　　)

번호	이름	주일예배	구역모임	전도대상자				기도제목
				작정	접근	초청	등록	

· 새 가 족 : ______________________________

· 구역사역 : ______________________________

·특별보고 : ______________________________

8. 예비 구역장은 이렇게 세우자.

| 말씀읽기 |

또 네가 많은 증인 앞에서 내게 들은 바를 충성된 사람들에게 부탁하라 그들이 또 다른 사람들을 가르칠 수 있으리라(딤후 2:2)

복음의 통로

1세대(주님) ⇨ 2세대(바울) ⇨ 3세대(충성된 사람들) ⇨ 4세대(또 다른 사람들)

리더와 가까이에 있는 사람들은 그 리더의 실패의 정도를 결정한다. '리더 주변에 있는 사람들은 나를 흥하게도 하고 망하게도 한다.' 리더십의 핵심은 가장 가까이 있는 사람들을 얼마나 잘 키워 주느냐에 달려 있다. 또한 주위 사람들이 조직을 위해 얼마나 큰 공헌을 할 수 있는지를 보는 안목이다. 나의 목표는 군중과 다름없는 추종자들을 모으는 데 있지 않다. 나의 목표는 리더들을 배출하는 것이다.

1) 예비 구역장을 세우는 필요성이 있다.

① 예비 리더를 키우는 일은 자신의 **영향력**을 배가하는 것이다.

미국의 중서부 지역의 축제일이라 많은 사람들이 모였다. 그들은 말이 끄는 옛 썰매 경기(말이 끄는 썰매에 무게가 각각 다른 짐들을 싣고 말이 끌게 하는 경기이다)를 관람하는 중이었다.

이 경기에서 챔피언 말은 2톤 무게의 썰매를 끌었다. 2위를 한 말은 1.96톤 정도를 끌었다. 구경꾼 몇 사람이 이 두 마리가 함께 수레를 끌면 얼마나 더 끌 수 있을까 하고 생각하였다.

두 마리 말이 각각 끌 수 있었던 최대치를 산술적으로 합산하면 약 4톤 정도가 된다. 그러나 이 두 마리가 한 팀이 되어 수레를 끈 결과 놀랍게도 5.5톤 이상을 끌 수 있었다.

② 새로 키워진 리더들은 조직의 **미래**를 밝힌다.

여론 조사 전문가 조지 바너는 이렇게 말했다. “훌륭한 단체는 리더는 훌륭하지만 조직 자체는 허술할 수 있다. 그러나 조직은 훌륭한데 리더가 탁월하지 못한 단체가 잘되는 경우는 본 적이 없다.” 조직은 나쁜 기관이냐 좋은 기관이냐를 구별짓는 한 척도일 수 있다. 그러나 좋은 기관과 훌륭한 기관을 결정짓는 것은 리더십이다.

③ 더 많은 사람들을 지도하기 위해서는 더 많은 **리더**들이 필요하다.

유명한 앤드류 카네기는 비문에 ‘자기보다 더 유능한 사람을 쓸 줄 아는 지혜를 지녔던 인물 카네기, 여기 고이 잠들다.’라고 적고 싶다고 하였다.

2) 예비 구역장의 선발 기준이 있다.

① 충성스러운 사람(Faithful)

- 성숙한 사람
- 주님께 충성스런 사람
- 교회에 충성스런 사람
- 사람됨이 성실한 사람

② 할 수 있는 사람(Available)

- 사람을 사랑하는 사람
- 영적인 것에 대한 커뮤니케이션을 할 수 있는 사람
- 성경을 다룰 수 있는 기본 지식을 가진 사람
- 다른 사람과 협력할 수 있는 사람

③ 배울 수 있는 사람(Teachable)

- 배우기를 좋아하는 사람
- 생각이 유연하고 창의적인 사람

3) 예비 구역장을 세우는 과정이 있다.

① 잠재력 있는 예비 리더의 발굴을 위해 지속적인 기도를 강조한다. 기도함으로써 우리는 하나님으로부터 지혜를 얻을 수 있고 또 하나님의 동역하심을 경험하게 된다.

② 가능성 있는 예비 리더를 발굴하여 사역과 책임을 맡겨 본다.
발굴된 예비 리더가 반드시 훌륭한 리더가 된다는 보장이 없다. 구역 리더로서 지녀야 할 기본자세를 실습을 통해 확인하여야 한다.

③ 지속적인 코칭을 통해 격려와 교정의 과정을 겪게 된다.
더 나은 방법을 가르쳐 줄 때 그 상황에 대해서 예비 리더의 생각하는 바를 말하게 하고 여기에 더해지면 좋은 방편들을 소개하고 스스로 소화해 내도록 무리없는 배움과 성장의 계기를 마련하게 된다.

④ 실제적인 사역과 책임의 권한 위임은 점진적인 시간이 필요하다.
인턴십의 초기 기간에는 사역의 20% 정도를 권한 위임하다가 서서히 점진적으로 늘려 나가면서 구역 분가 직전에는 종국적으로 80% 정도까지 권한을 위임해 주는 것이 바람직하다. 지혜로운 리더는 물질적인 문제 뿐만 아니라 진정한 책임과 권한을 나누어 줌으로써 구역목회의 주인이 자신이 아니라 주님이시라는 사실을 실천적으로 드러내게 되는 것이다.

⑤ 지도력의 반발과 관계상의 갈등은 영적인 성장의 관점에서 접근한다.
리더와 예비 리더 사이에는 기질의 차이, 인식(관점)의 차이, 미성숙으로 인한 오해, 사역에 대한 처리 방식의 차이 등의 문제가 언제나 도사리고 있다.

9.구역 배치는 이렇게 하자.

1) 지역별로 나누어 구역장을 임명하는 방법

2) 구역장을 먼저 세우고 성도가 구역을 선택하게 하는 방법

3) 성도가 구역을 개척하여 교회에 보고하는 방법

4) 복합적인 방법

임석종 목사는 "생동하는 구역을 만들기 위해서는 구역을 조직하고 구역장을 세우는 것부터 잘 해야 한다. 구역조직에서부터 구역장을 파송하는 것까지"의 필요한 자료를 제시한 것이다. 그리고 구역조직을 위한 4가지 방법을 이렇게 제시한다.
첫째, 지역별로 나누어 구역장을 임명하는 방법이 있다. 이것은 구역을 먼저 만들고 각 구역을 선택하게 하는 방법이다.
둘째, 구역장을 먼저 세우고 성도가 구역을 선택하게 하는 방법이다. 이 방법은 구역장을 먼저 훈련시켜 세워놓고 성도들이 선택할 수 있게 하는 방법이다.
셋째, 성도가 구역을 개척하여 교회에 보고하는 방법이다. 성도가 평상시에 훈련을 받아 스스로 구역을 개척하는 방법이다.

TIP | 구역장 훈련을 통해 배운점

1. 담임 목회자의 목회관을 함께 공유한다.

2. 바른 사역은 바른 훈련을 통해 이루어진다.

3. 교회의 변화와 성장 발전을 추구하기 위해 교회가 나아가야 할 분명한 비전과 목표를 이룰 수 있는 일꾼으로 자란다.

4. 구역의 활성화의 필요성을 새삼 느끼게 된다.

5. 전통적인 교회의 변화가 얼마나 어려운가를 배울 수 있다.

| 핵심포인트 |

구역에 성령이 역사되고 구역 식구들의 가슴에 불이 붙도록 하는 역할을 바로 구역장이 한다. 구역장이 살아 있다면 구역이 살고, 구역이 살면 교회도 살아날 것이다. 따라서 구역장은 교회 성장의 첨병이다.

좋은열매 | Good Fruit

1. 오늘 나에게 은혜와 도전이 되는 말씀과 구체적인 실천사항을 나누어 보자.

은혜와 도전이 되는 말씀	구체적인 실천사항

2. 구역장으로서 갖추어야 할 자질은 무엇인가?

1) 인격적 자질(성품) :

2) 사역적 자질(기술) :

3. 구역장 서약서를 읽고, 꼭 지킬 것을 약속한다.

4. 다함께 합심기도로 마무리하자.

1) 하나님이 주신 소명으로 구역장 사역을 잘 감당할 수 있도록 하옵소서.

2) 목회자에게 순종하며 구역원 식구들을 겸손히 섬기게 하옵소서.

3) 구역장으로서 자신의 영적 관리에 소홀히 하지 않고 구역장 훈련에 성실히 임하게 하옵소서.

04 구역장 영성, 삶에 뿌리를 둔 영성

"영성이란 그리스도의 영이 내 안에 거함으로 인해 그리스도와 관계 맺는 것이며, 내 안에 거하는 그리스도의 영으로 인해 인간과 관계 맺는 것이다."

| 말씀읽기 |

내 안에 거하라 나도 너희 안에 거하리라 가지가 포도나무에 붙어 있지 아니하면 스스로 열매를 맺을 수 없음 같이 너희도 내 안에 있지 아니하면 그러하리라(요 15:4)

좋은씨앗 | Good Seed

D교회에서 구역장을 맡고 있는 최집사는 얼마 전부터 남모르는 고민에 빠져 있다. 자기도 모르는 사이에 영적생활에 힘을 잃어버린 것이다. 한때 성령 충만한 삶으로 교회 봉사에 앞장섰던 체험들이 추억처럼 남았을 뿐이다.

교회 출석하는 것도 그저 형식적이고, 봉사의 기쁨도 없었다. 아무도 눈치 못챈 자기만의 비밀이지만 이만저만한 고민이 아닐 수 없다. 어쩌다 담임 목사와 눈이라도 마주치는 날이면 모든 것을 알고 있는 듯해 쏜살같이 도망치듯 빠져 나온다. "요즘 제가 하루하루 생활을 하는 것을 보면 얼마나 죄송한지 모릅니다. 하나님이 주시는 귀하고 소중한 시간을 너무 헛되게 보내고 있다는 생각이 들어서 말이죠. 그걸 잘 알면서도 저는 계속 하나님이 원하시지 않는 방향으로 가려고 합니다.
전에는 모든 일을 하나님과 함께 했습니다. 가정에서나 시장에서나 어디를 가든지 하루의 거의 전부를 하나님만 바라보고, 예수님을 생각했습니다. 그런데 어느 날부터인가 하나님을 바라보는 그 자리에 다른 것이 들어오기 시작했습니다.
제 생각과 마음속이 사탄이 좋아하는 것들로만 채워지기 시작한 거죠. 너무 괴로웠어요... 한없이 외롭기만 하고 쓸쓸하기만 하고 허무한 생각이 들기도 하고 잡생각만 나게 하고 하나님의 말씀도 멀리하게 되고...
다시 옛날로 돌아가고 싶어요. 하나님과의 첫사랑을 회복하고 싶어요. 전에는 외로운 마음도 제 안에 계시는 하나님으로 위안이 되곤 했는데 지금은 그런 하나님을 잊고 산답니다.
하나님이 저를 강하게 붙잡아 주셨으면 좋겠다는 생각을 합니다. 어느 날인가 결혼 전 신앙생활을 갓 시작했을 때 썼던 일기장을 펴보았어요. 하나님께 쓴 편지들이 몇 장 있었는데 그 땐 참 순수하게 하나님을 사랑했던 것 같습니다. 지금은 너무 때가 많이 묻어 하나님께 차마 고개를 들지 못하겠고 하나님께 가까이 가기가 힘이 드네요... 이제 제 맘과 생각이 완전히 하나님으로 채워지기를 원합니다. 주님만 사랑하고 싶거든요. 어떻게 해야 할까요."

1) 위의 글을 읽고 느낀 점과 생각을 나누어 보자.

2) 나의 영성생활이 나태하고 게으른 이유와 그 해결책을 나누어 보자.

좋은나무 | Good Tree

한국교회가 밖으로 불은 붙었지만 영성의 뿌리가 깊지 못하다. 일은 많은데 인간관계의 갈등의 골은 깊다. 사람은 많지만 세상을 변화시키는 능력은 적고, 사역은 많지만 열매가 적다. 모임은 많은데 공허하고, 까닭없이 늘 쫓기는 삶을 살고 있다.

1. 기독교 영성의 올바른 이해

1) 영성의 일반적 정의는 무엇인가?

| 말씀읽기 |

바요나 시몬아 네가 복이 있도다 이를 네게 알게 한 이는 혈육이 아니요 하늘에 계신 내 아버지시니라(마 16:17)

'영성'을 단지 자기만족을 위한, 지극히도 인간중심적인 관점에서의 성령론적 관점에서만 주장하는 것은 타당하지 않다. '영성'은 성도의 구원에 대한 내적체험과 고백으로부터 출발된다.

인위적인 운동을 통해서 영성을 갖춘 사람으로 만들 수 있다는 것은 지극히 잘못된 발상이다. "종교개혁자들의 영성은 모범적인 행위나 몸짓의 내면화 과정을 통해 형성된 습관(habitus)이 아니라, 하나님의 약속의 말씀에 대한 신뢰에서 주어지는 영성이었다." 이는 하나님의 전적인 은혜로 주어지는 것이다. 예수님께서 "바요나 시몬아 네가 복이 있도다 이를 네게 알게 한 이는 혈육이 아니요 하늘에 계신 내 아버지시니라"(마 16:17)라며 베드로의 신앙고백을 칭찬하신 바와 같은 것이다.

<기독교 영성사전> 에서는 영성에 대하여 "영성, 이것은 사람들의 삶에 활력을 부여해 주며, 그들로 하여금 초감각적인 실체들을 향하도록 도와주는 태도, 신앙, 관습들을 묘사하기 위해서 사용되어진 단어이다."라고 정의한다.

브래들리 한센(Bradly Hansen)은 "영성이란 인간의 삶의 본질과 목적에 관한 확신에 따라서 사는 한 개인이나 한 공동체의 삶의 스타일이다." 라고 하였다. 영성(Spirituality)이라는 말의 사전적인 의미는 '종교적인 가치에 붙잡혀서 사는 영적인 삶의 상태'를 가리킨다.

이처럼 일반적인 영성은 어느 종교에 국한된 것이 아니라 신적인 요소나 초월적인 것을 인정하는 사람이면 누구에게나 적용될 수 있다. 또한 각자 고유한 종교적인 신념에 따라 살아가는 생활 양식이기 때문에 영적 측면에서는 다양성을 인정해야 한다.

그런 의미에서 이 세상에 사는 사람은 적어도 하나 이상의 영성을 가지고 살아간다. 단지 자신이 어느 정신을 가지고 살아가느냐에 따라 달라질 뿐이다. 대부분의 일반 영성이 역사적 인격의 정신과 사상과 삶을 본받으려는 인본적인 영성인 데 반하여, 기독교 영성은 역사적 예수의 정신과 삶을 계승하려는 인본적인 요소를 가질 뿐만 아니라, 오늘 우리 가운데 찾아 오셔서 우리와 직접적으로 교제하시는 하나님이신 예수 그리스도와 인격적 관계를 추구하는 수직적이고 하나님 중심인 영성이다.

일반 영성은 엄격한 자기 훈련과 수양을 통하여 자신의 성품을 바꾸려는 인간적인 노력을 강조하는 데 반하여, 기독교 영성은 성령 안에서 우리에게 임재하신 우리 주 예수 그리스도와의 인격적인 교제의 삶을 살아가는 동안에 그분께서 우리 안에 의의 열매, 빛의 열매, 성령의 열매를 맺게 해 주신다는 점에 초점을 맞춘다.

영성이란? 실제로 역사상 살았던 한 인간의 정신을 받아들여 자기의 정신으로 삼고 살아가는 것을 말한다. 또한 정신만이 아니라 사회적 영향력을 가지고 있는 전염성을 지닌 한 인격체의 삶의 스타일을 자기의 것으로 받아들여 살아가는 것을 말한다고도 볼 수 있다. 그리고 그러한 영성의 개발은 일정한 법칙에 따라 엄격한 자기훈련과 장기적인 노력으로 본받고자 하는 자의 정신을 내면화시키고 그의 삶의 스타일을 따라 사는 삶의 과정을 뜻하기도 한다.

2) 기독교 영성의 정의는 무엇인가?

| 말씀읽기 |

아버지께서 나를 사랑하신 것 같이 나도 너희를 사랑하였으니 나의 사랑 안에 거하라 내가 아버지의 계명을 지켜 그의 사랑 안에 거하는 것 같이 너희도 내 계명을 지키면 내 사랑 안에 거하리라(요 15:9~10)

기독교 영성이란 “그리스도인이 하나님과 교제를 통해 공동체 내에서 영향을 끼치는 영적인 속성이다.”

기독교 영성이란, 그리스도와 정상적인 원만한 관계를 맺는 것이다. 이것이 참된 영성의 대전제이다. 기독교 영성은 성령님을 좇아 행하는 것이다. 성령 하나님을 신뢰하고 성령님께 나의 모든 삶을 의탁하고 성령님의 인도하심에 순종하는 관계가 되어질 때 비로소 우리는 참된 영성의 소유자가 된다. 기독교 영성은 우리의 삶과 인격 속에 그리스도의 삶과 인격이 재현되는 것이다.

기독교 영성 개념에는 하나님과의 만남, 그 만남을 통한 인격적인 교제, 새로운 피조물로서의 삶이 있다. 이것을 보면 영성의 출발은 하나님과의 깊은 교제에 있는 것을 알 수 있다. 하나님과의 관계회복이나 변화된 삶도 그분과의 교제가 첫 출발선이다.

따라서 그리스도인이 하나님과의 깊은 교제 가운데서 하나님의 생명을 회복하는 것이 영성의 핵심이다.

하나님과의 깊은 관계를 통하여 그분을 닮아가고, 그 형상을 따라 변화된 삶을 살아가는 것이 영성의 과제이기도 하다. 내면의 질서가 세워진 사람은 어떤 어려움과 환란이 다가와도 흔들리지 않는다. 마치 뿌리 깊은 나무가 폭풍우에도 흔들림이 없는 것과 같다. 즉, 기독교 영성이란 예수 그리스도를 철저히 닮아가는 것이다.

나를 철저히 십자가에 죽이고, 내 안에 계신 예수 그리스도가 내 마음의 집을 통째로 맡아서 운영을 해 주시는 것이다.

2. 영성에 대한 잘못된 이해

1) 은사 체험에만 국한된 영성

신비주의적 관점에서 '신령한' 사람은 뜨겁고 열정적인 찬송과 기도, 예언이나 방언이나 신유 같은 비범한 은사들을 일방적으로 추구하고 윤리적 삶을 평가절하 시키려는 마음, 개인영혼 구원만을 목표로 삼고 사회활동에 대한 무관심, 금욕이나 금식기도를 치켜세우면서 기도원을 전전하는 금욕적 세상도피주의, 예수 믿으면 건강, 장수, 사업성공과 같은 축복을 가져온다는 현세구복적 태도를 갖고 있으며 이러한 생각은 한국교회 신자들의 통속적 영성 개념 속에 깊이 자리잡고 있다.

2) 고행으로 이해되는 영성

그들은 현실로부터 도피하여 신비적 직관 체험, 침묵, 명상, 관상 등을 통해 자신의 모든 사념과 욕망을 잠재운다.

3) 실천이 없는 영성

개인 기도생활, 말씀 묵상, 구원의 확신 등 내면에만 치우친 나머지 실천하고 행동하는 부분은 경시된다. 삶이 없이 단지 생각과 의식 속에서 머무는 영성은 온전한 영성이 아니다.

4) 반지성적 영성

기독교의 영성에 있어서 우리는 하나님을 체험하는 감정을 당연한 것으로 받아들이며, 그것은 그리스도인들에게 더욱 영적인 삶으로 인도해 줄 수 있다고 할 수 있다.

그러나 지성을 제외하는 영성은 하나님의 진리의 말씀을 거부하거나 무시하는 것이라 할 수 있다. 하나님은 진리의 하나님이시므로 우리가 하나님께서 주신 이성과 지성을 사용하지 않고는 올바른 지식에 도달할 수 없으며, 동시에 올바른 영성을 소유할 수 없게 되는 것이다. 바른 영성에 대한 이해는 지성과 신앙의 자리를 올바로 설정하여 어느 한쪽에 대한 무시 없이 양쪽의 풍성함을 누리는 것이어야 한다.

3. 한국교회의 잘못된 영성관

영성을 열망하는 사람들이 많다 보니 세속적인 영성을 주장하는 사람들이 많이 생겨났다. 영성에 대한 관심이 지대한 틈을 타서 인본적인 영성이 주류 행세를 하기도 한다. 영성의 본질이 왜곡되기도 하고, 영성 신학이 바로 정립되지 않는 가운데서 영성을 오해하기도 한다.

1) 기도원 영성

일반적으로 영성하면 기도원을 생각하는 경향이 있다. 물론 기도원에서 불러온 영적인 바람은 교회의 활력을 일으키는 데 크게 기여해 왔다. 그만큼 기도원 운동이 한국교회의 영적성장에 직간접적으로 영향을 끼쳤다. 하지만 문제는 그런 기도원 영성이 영성의 전부가 아니라는 점이다. 바른 영성은 삶에 뿌리를 둔 영성이다.

현실에 충실하면서 성령님의 인도를 받아 그분의 뜻을 이루어 드리는 것이 영성의 삶이다. 영성에 있어서 그 초점은 성령님의 인도하심을 받는 데 있다. 영성은 삶 전체에서 성령님을 좇아 사는 것을 의미한다.

2) 부흥회 영성

영적 각성 집회는 잠잠한 심령에 생기를 부어주는 첩경이기도 하다. 부흥 집회에서 모처럼 받은 큰 은혜가 영성의 기초일 수 있다.

그러나 영성은 순간적으로 깨우치는 영적인 각성이 아니다. 영성은 일시적인 것이 아니다. 영성은 구체적인 삶 속에서 하나님의 거룩한 형상을 닮아가는 평생의 일이다. 성령님의 도우심으로 범사에 그분에게까지 자라가는 것이 진정한 영성이다. 영성은 공중에 떠 있는 기분과 같은 불투명한 것이 아니라, 변화된 인격과 삶을 의미한다.

3) 세미나 영성

세미나를 통해서 회복된 영성은 그 결과가 미진할 때는 곧바로 식어버린다. 세미나 영성으로 활력을 되찾아도 그 열매가 풍성하지 못하면 금방 냉랭해진다. 진정한 영성은 삶의 현장에서 매순간 하나님 앞에 서는 것이다.

4) 금욕주의적 영성

금욕주의적 영성을 추구하는 사람들은 하나님께 대한 헌신의 표시로서 자기 부정의 삶을 영위하려고 애쓴다. 그들은 일체의 세속적인 것을 거부한다.

그런 금욕과 고행을 통해 차원 높은 영성을 추구하려는 시도는 영성을 오해한 결과이다. 세상을 멀리하고 도피하려는 경향도 큰 약점이다. 그리스도인은 세상에서 하나님의 나라를 확장해 가야 할 책임과 의무가 있는 사람들이다.

5) 카리스마 영성

이런 영성은 주로 성령의 은사가 영성의 열매인 것으로 생각한다. 이런 류의 영성은 사회적인 변화나 자기의 인격적인 성장에는 별 관심을 갖지 않는다.

6) 사회 정의 영성

사회 정의의 영성은 이웃과의 관계를 매우 중시한다. 그들은 고난당하는 이웃을 위해 참 사랑과 정의를 실천하는 것이야말로 참된 영성의 기초라고 한다. 사회 정의를 주장하는 입장은 주로 남미의 해방 신학이 그 사상적 기초를 이룬다.

그리스도인들이 이웃을 돌아보아 사랑을 실천해야 한다는 점에서 사회 정의의 영성은 너무나 당연한 주장이다. 사회 정의를 위한 삶의 태도는 귀한 일임에 틀림없다. 하지만 사랑을 실천하는 것보다 선행되어야 할 것은 성령님을 통한 심령의 변화이다. 성령님 안에서 변화된 사람에게 사랑의 실천 같은 삶의 열매는 필연적이다. 사회 정의를 실현하기에 앞서 각 개인이 성령님의 통치하에 순종하는 일이 선행되어야 한다.

4. 영성의 세 가지 모델

모델(성경)	깨달음의 모델	도피모델	행동모델
강조점	머리	가슴	손과 발
표지	깨달음	체험	행동
약점	가슴, 손과 발	머리, 손과 발	머리, 가슴
촛불	앎	느낌	실천
영성을 얻는 방법	성경공부	기도, 금식	봉사, 현실참여

5. 종교개혁자의 영성의 특징

| 말씀읽기 |

여호와를 경외하며 그의 길을 걷는 자마다 복이 있도다(시 128:1)

칼빈에게 있어 경건은 하나님에 대한 경외(두려움)와 하나님에 대한 사랑에서 시작된다. 그는 기독교 강요에서 경건을 "하나님의 은혜를 깨달아 앎으로써 생겨나는 하나님에 대한 사랑이 하나님에 대한 경외와 결합된 것"이라고 정의하였다. "하나님에 대한 경외"는 하나님을 아버지로 공경하는 태도와 종이 상전에게 빚진 의무들에 대한 충성으로서 주인을 경외하고 두려워하는 태도를 의미하는 수직적인 하나님에 대한 이해라 할 수 있다. 종교개혁자들은 신비적이고 주관적인 체험에 강조점을 두고 있는 인상을 주는 '영성'이라는 말 대신 '경건'이라는 말을 사용하기를 즐겨했다. 그들이 말하는 경건이란 성령에 전적으로 의지함으로써 경험되는 그리스도의 삶을 의미한다. 칼빈도 경건이라는 단어를 사용하였는데, 칼빈 신학의 핵심이 바로 경건이라 해도 과언이 아니다. 칼빈이 말하는 경건이란 "하나님에 대한 경외와 하나님의 은혜를 깨달아 아는 데서 비롯되는 하나님에 대한 사랑이 결합된 것을 경건이라고 한다." 즉, 한마디로 요약하면 칼빈에게 있어서 경건은 '하나님을 향한 경외'이다.

1) 인간의 공로보다 하나님의 사랑과 은혜를 강조하였다.

2) 지성과 감성의 조화를 강조하였다.

3) 은밀한 개인적 체험으로서의 영성보다 공동체로서의 영성을 강조하였다.

4) 현실에 대한 긍정과 적극적인 참여를 강조하였다.

6. 기독교 영성의 의미와 요소들

| 말씀읽기 |

너희가 그 은혜에 의하여 믿음으로 말미암아 구원을 받았으니 이것은 너희에게서 난 것이 아니요 하나님의 선물이라 행위에서 난 것이 아니니 이는 누구든지 자랑하지 못하게 함이라(엡 2:8~9)

1) 영성의 스타팅 포인트 : 하나님과 교제

온전한 영성은 사람 본연의 모습인 하나님의 형상을 회복하기 위한 접촉점이며, 하나님과 교제하는 관계성의 일면이다. 영성은 하나님과의 교제를 통해 자신을 깨닫고 죄의 허물을 벗는 회개의 삶으로의 참여이다. 그리스도와 온전히 하나가 되기까지 깊은 교제 가운데 거하는 것이 바로 기독교 영성이다. 그런 영성이 있을 때 하나님의 영광이 빛으로 드러난다. 아버지의 거룩이 드러난다. 영성은 우리 속에 이루어지는 어떤 성품이라기보다는 하나님과 교제하는 삶의 과정이며, 성령님께서 우리를 고쳐나가는 과정이고, 그리스도와 함께 자기 십자가를 지고 고난 받는 이들 속에 나아가 그들의 삶에 참여하는 것이다.

한국 사회에 그리스도인이 25%를 차자함에도 불구하고 나날이 범죄와 죄악된 모습은 심각해지고 있다. 이유는 무엇일까? 영성이 삶 속에서 실천되지 않기 때문이다. 마음과 머리에만 머물러 있기 때문이다. 살아있는 영성, 생동적인 영성, 온전함을 향하는 영성이 생활 속에서 표출되어야 한다.

2) 성령님의 능력으로 사는 삶 : 공동체의 영향력

하나님과의 교제를 통해서 이루어진 영적인 삶이란, 바로 성령의 능력으로 사는 삶을 의미한다. 곧 공동체에 영향력을 끼치는 삶을 의미한다. 영향력이란 열매를 말하며 변화된 삶의 결과를 의미한다.

진행, 즉 과정이 아니라 결과, 즉 열매이다. 그리스도인의 인격을 가진 사람은 가정과 교회와 사회에 영향력을 준다. 예수님 당시의 바리새인들은 회당이나 사회에서 영향력을 줄 수 있는 사람들이 아니었다. 초기에는 그들의 영성이 뜨거웠다. 그러나 시간이 지날수록 그들의 영성은 싸늘하게 식어버렸다. 그들의 삶에 변화를 주던 하나님의 말씀은 장식도구로 바뀌었고, 하나님을 향한 기도와 금식은 자기과시로 바뀌었다. 하나님의 양들에 대한 사랑은 정죄와 판단으로 바뀌었으며, 겸손해야 할 사람들이 교만한 자리에 앉게 되었다.

3) 영성의 열매는 전인격적인 삶의 변화와 성숙

영성의 스타팅 포인트가 하나님과 교제이며, 영성의 삶이 성령님의 능력있는 삶이라면 당연히 그 열매는 변화와 성숙이다. 성령님을 통해서 변화되는 것은 전인격적이요 총체적이어야 한다. 진정한 영성은 그런 경건 훈련이나 습관으로만 제한되지 않는다. 쉽게 말하자면 삶의 전 영역에서 구체적으로 실천하는 삶이 바로 영성의 열매이다.

4) 영성은 하나님의 선물

영성이 하나님의 선물임을 아는 것은 성경적 영성의 뼈대를 이룬다. 영성은 자기를 수련하고 계발하는 것이 그 핵심이 아니다. 자기 훈련에 집중한다고 영성 있는 사람이 되는 것도 아니다. 정신력을 가다듬어 수양에 전력하면 영성이 개발되는 것도 아니다. 물론 영성 개발을 위해서 훈련을 쌓는 것이 필요하다.

그럼에도 불구하고 영성 생활에 있어서 핵심적인 요소는 훈련보다는 성령님의 통치에 얼마나 순복하며 사느냐에 달려 있다. 영성의 핵심은 외적인 삶의 형태보다 성령님께 대한 순종여부이다. 성령님의 역사는 전적으로 하나님의 선물이다. 마찬가지로 영성은 하나님의 선물이다. 성령님의 은혜가 아니고는 그리스도를 닮은 형상을 이루어갈 수 없다. 인격이 변화되는 일은 성령님의 능력으로만 가능하다.

① 영성의 삶은 인위적으로 개발되는 것이 아니다.

훈련이란 성령님의 역사하시는 통로일 뿐, 그 자체가 영성 생활의 핵심이 아니다. 근본적인 변화는 성령님의 몫이다. 아무리 열심히 훈련에 임한다 해도 성령님이 역사하지 않으면 어떤 열매도 거둘 수 없다.

영성은 삶에 뿌리를 두어야 한다. 영성은 삶이다. 삶의 거룩과 경건이 영성의 본질이다. 바울처럼 날마다 죽는 연습을 하는 것이 영성 훈련이다. 일상의 삶 가운데 성령님의 능력으로 죄를 물리치며, 순간마다 그리스도의 형상을 닮아가는 일이 더욱 시급한 일이다. 영성의 삶을 위해서는 인위적인 훈련에 초첨을 맞추는 것보다 전인격적으로 성령님을 의지하는 삶을 연습하는 것이 더 우선적이어야 한다.

② 영성의 삶에선 하나님의 주권이 강조되어야 한다.

영성의 삶은 하나님의 주권을 인정하는 삶이다. 그 주권에 의해 이끌려가는 삶이다.

③ 영성의 삶은 삶 전체에 끼치는 영향력이다.
영성의 삶은 교회생활에만 해당되는 것이 아니라 삶 전체에 미치는 거룩한 영향력이다. 개인적인 인격의 변화, 영적인 능력, 사랑을 바탕으로 한 대인관계, 세상에 대한 책임의식 등 삶 전체에 이르는 영향력이 바로 영성의 삶이다.

④ 영성의 삶은 하나님께 영광이 최상의 목표이다.
삼위 하나님과의 깊은 교제 가운데서 우리의 삶이 역동적이고 생명력이 넘치게 될 것이다. 그러기에 항상 삼위 하나님께 모든 영광을 돌려드려야 한다.

7. 기독교 영성의 회복

1) 하나님의 은혜에 입각한 영성

<하이델베르그 요리문답>에서도 "믿음은 성령님께서 복음을 통하여 내게 불어 넣어 주시는 굳건한 확신이다."라고 말한다. 종교개혁자들이 행위의 '의'에 대해 거부했다고 해서 영적 삶에 대한 모든 훈련을 적대시한 것은 아니다. 은혜는 아무런 공로 없이 하나님으로부터 주어질지라도 우리 자신을 하나님 앞에 헌신함으로써 이 은혜의 수혜자가 되어

야 한다. 여기서 '은혜의 수단'이란 신자가 하나님에 대하여 열려 있어야 하며, 하나님의 요구에 민감하며, 성령님의 인도하심에 반응하는 것이다.

2) 공동체 신앙의 영성

| 말씀읽기 |

몸이 하나요 성령도 한 분이시니 이와 같이 너희가 부르심의 한 소망 안에서 부르심을 받았느니라(엡 4:4)

예수님에 대한 인격적, 개인적 관계에만 만족하고, 제자됨의 수평적 공동체적 관계를 무시한 어떤 경건도 거부한다. 한국 사회 안에서의 시한부 종말론과 각종 불건전한 은사주의 운동도 역시 사회성과 교회의 연합과 일치를 깨뜨렸다.

참된 기독교 영성은 신앙공동체를 멸시하거나 자기가 신앙의 공동체에서 형제나 자매보다 우월하다는 개인주의적 영성으로 나아가지 않았다. 오히려 개혁신앙의 전통은 이러한 영성을 타자를 위한, 봉사를 위한 능력의 원천으로 사용하고자 했다.

3) 감정과 이성의 균형 잡힌 영성

| 말씀읽기 |

이스라엘아 네 하나님 여호와께서 네게 요구하시는 것이 무엇이냐 곧 네 하나님 여호와를 경외하여 그의 모든 도를 행하고 그를 사랑하며 마음을 다하고 뜻을 다하여 네 하나님 여호와를 섬기고(신 10:12)

기독교 영성은 지성의 온전한 사용이 없는 감상의 위험을 경계한다. 감상이란 조심스런 사고보다 감정을 더 우선하는 과도한 정서주의이다. 우리의 감정은 이성과 균형 있는 관계 속에 있어야 한다. 신앙이란 지성과 감성, 머리와 가슴의 통일로서 신자의 인격에 형성된다고 한다. 단순히 감정적 정서에만 치우치지 않고 그것을 말씀의 빛에서 오는 지성을 통하여 검증한다.

4) 현실세계에 뿌리 박은 영성

| 말씀읽기 |

아무도 꾸며낸 겸손과 천사 숭배를 이유로 너희를 정죄하지 못하게 하라 그가 그 본 것에 의지하여 그 육신의 생각을 따라 헛되이 과장하고(골 2:18)

기독교 영성은 이 세상으로부터 유리된 어떤 경건을 거부한다. 영과 육을 엄격히 구분하고 영을 좇는 것을 선으로 보고 육을 악한 것으로 간주하는 가치판단은 헬라적이고 불교적이다. 초대교회는 이러한 영지주의적 가르침이 참된 경건성의 태도가 아니라는 것을 역설했다.

5) 말씀에 기초한 영성

| 말씀읽기 |

주의 말씀은 내 발에 등이요 내 길에 빛이니이다(시 119:105)

기독교 신앙은 성경에서 단지 신앙의 원리만을 채용하는 것이 아니라, 성경을 모든 삶의 유일한 표준으로, 완전 충족적인 은혜의 방편(말씀, 성례, 기도)으로 삼는다. 성경은 진리를 잴 수 있는 기준이며 규범이다. 성경이 현실에 맞지 않는 것이 아니라 현실이 성경에 맞지 않는 것이다. 현실이 성경에 맞지 않는 것은 현실은 변했으나 성경은 변하지 않았기 때문이다.

6) 그리스도를 닮는 성화의 영성

| 말씀읽기 |

너희 안에 이 마음을 품으라 곧 그리스도 예수의 마음이니(빌 2:5)

거룩성이란 우리를 그리스도와 연합하게 하고, 우리를 우리 안에 거하시는 성령의 은혜에 참여자가 되도록 하는 것이다. 이신득의는 신자의 삶의 목표가 아니라 시작이다. 우리는 그리스도의 은혜 안에서 자라야 한다. 이것이 성화의 과정이다. 성화의 삶이란, 하나님이 그리스도 안에서 행하신 것에 대한 즐겁고 감사하는 반응의 삶을 사는 것이다. 죄가 항상 우리 가운데 현재할지라도 우리는 죄의 소욕을 만족시키지 않고 그리스도를 닮는 새로운 인간으로 날마다 변화된다. 이것이 성화이다.

7) 성령의 권능을 받아 전도하는 영성

| 말씀읽기 |

오직 성령이 너희에게 임하시면 너희가 권능을 받고 예루살렘과 온 유대와 사마리아와 땅 끝까지 이르러 내 증인이 되리라 하시니라(행 1:8)

성령이 충만한 성도는 예수님을 위한 증인이 되어야 한다. 흔히들 성령님의 임재와 역사를 방언이나 신유와 같은 특수한 은사로만 관련지어 이해하려는 경향이 있는데, 그 모든 목적은 예수님을 증거하기 위함이므로 성령이 충만한 이들은 누구나 할 것 없이 예수님을 위한 위대한 증거자들이 된다. 진리 되신 예수 그리스도를 증거하기 위해 사용되지 않는 성령님의 은사는 모두 거짓된 것이다. 성령님의 역사는 갈릴리를 넘어서 예루살렘으로, 예루살렘을 넘어서 로마로 확장되었다. 온 세계로, 모든 사람에게로 나아가려는 성령님의 뜻은 평범했던 베드로를 위대한 교회의 지도자로 세웠다. 하나님께서는 평범한 사람을 택하여 특별한 일을 하신다. 예수님을 대적하던 바울을 선교의 헌신자로 세웠다. 그리고 이제 성령님은 우리가 세상으로 나아가기를 간절히 원하신다.

8) 영원한 축복을 현실에서 실현하는 영성

| 말씀읽기 |

내게 능력 주시는 자 안에서 내가 모든 것을 할 수 있느니라(빌 4:13)

기독교 영성은 영원한 내세의 축복이 오늘 이 세상에서 부분적으로 실현되는 것을 믿는다. 그러므로 현실에 대하여 도피적인 태도를 갖지 않는다. 하나님의 영광은 이 세속적 영역과는 초월해서 영원한 세계에서만 머무르지 않고 하나님의 절대주권을 믿는 신자들의 변혁적 현실참여를 통하여 구제적인 현실과 역사 내에서 부분적으로 실행된다.

9) 문화를 새롭게 창조하는 영성

| 말씀읽기 |

너희는 이 세대를 본받지 말고 오직 마음을 새롭게 함으로 변화를 받아 하나님의 선하시고 기뻐하시고 온전하신 뜻이 무엇인지 분별하도록 하라(롬 12:2)

영성은 개인구원과 교회 회복을 넘어서 불신의 현실과 역사와 문화를 변혁시키는 실천적이고 역사 참여적 영성으로 나아간다. 이것은 십자가 신학의 영성이다. 이 영성은 그리스도의 고난과 갈등과 분열의 멍에를 자기의 십자가로 지고, 그것의 치유와 구원을 향하여 그리스도의 구속의 역사에 동참한다.

내면 지향적인 영성 ⇨ 공동체 영성 ⇨ 외부 지향적인 영성

10) 다시 오실 주님을 기대하는 재림신앙의 영성

| 말씀읽기 |

또 죽은 자들 가운데서 다시 살리신 그의 아들이 하늘로부터 강림하실 것을 너희가 어떻게 기다리는지를 말하니 이는 장래의 노하심에서 우리를 건지시는 예수시니라(살전 1:10)

우리가 잊어서는 안될 중요한 진리는 예수 그리스도가 다시 오신다는 약속이다. 이 약속에 대한 믿음이 우리로 하여금 게으르지 않고 영적 성장을 위해 최선을 다하는 삶을 살게 하는 원동력이 된다.

8. 기독교 체험의 회복

| 말씀읽기 |

형제들아 내가 너희를 위하여 이 일에 나와 아볼로를 들어서 본을 보였으니 이는 너희로 하여금 기록된 말씀 밖으로 넘어가지 말라 한 것을 우리에게서 배워 서로 대적하여 교만한 마음을 가지지 말게 하려 함이라(고전 4:6)

우리가 추구할 체험에는 한 가지 전제가 반드시 필요하다. 바로 계시된 하나님의 말씀을 넘어서지 않는 체험이어야 한다.

1) 추구할 체험 : 그리스도를 더욱 알아가는 체험

| 말씀읽기 |

우리가 다 하나님의 아들을 믿는 것과 아는 일에 하나가 되어 온전한 사람을 이루어 그리스도의 장성한 분량이 충만한 데까지 이르리니(엡 4:13)

성령의 주된 사역은 우리를 그리스도께 향하게 하고, 그리스도를 더욱 알아가게 하며, 그분을 영화롭게 하는 것이다. 성령은 우리로 하여금 그리스도를 아는 지식에서 자라가게 하신다. 참된 신령함은 인성을 취하신 예수, 십자가를 지신 예수님을 믿고 그분만을 높이는 것이다.

2) 추구할 체험 : 약함 가운데 그리스도의 능력을 맛보는 체험

| 말씀읽기 |

나에게 이르시기를 내 은혜가 네게 족하도다 이는 내 능력이 약한 데서 온전하여짐이라 하신지라 그러므로 도리어 크게 기뻐함으로 나의 여러 약한 것들에 대하여 자랑하리니 이는 그리스도의 능력이 내게 머물게 하려 함이라(고후 12:9)

우리가 추구해야 할 신령한 체험은 약함 가운데 그리스도의 능력을 맛보는 체험이다. 성령 하나님은 우리로 하여금 그리스도의 능력을 체험하며 살도록 이끄신다. 사도 바울은 성령 하나님이 우리가 약할 때 그리스도의 능력을 체험하며 살도록 이끄신다고 말한다. 성경은 약함 속에서도 그리스도의 능력을 경험하게 하는 것이 성령의 사역이라고 말한다.

3) 추구할 체험 : 그리스도 안에서 허락된 부요함을 누리는 체험

| 말씀읽기 |

나는 비천에 처할 줄도 알고 풍부에 처할 줄도 알아 모든 일 곧 배부름과 배고픔과 풍부와 궁핍에도 처할 줄 아는 일체의 비결을 배웠노라(빌 4:12)

그리스도인이 추구할 체험은 그리스도 안에서 허락된 부요한 것을 누리는 체험이다. 즉, 첫 번째로 말했던 그리스도를 알아가는 체험을 넘어서서, 예수님 안에서 참된 부요함을 발견하여 누려야 하는 것이다. 그러므로 우리가 끊임없이 붙들어야 할 것이 있다면 바로 예수 그리스도와 주님 안에서 얻는 풍성한 것들에 대한 감사이다. 즉, 그리스도가 이루신 충만을 그리스도와 연합함으로 소유하고, 그리스도를 향한 믿음으로 그 충만을 누리는 것이다. 그것이 우리가 추구해야 할 신령한 체험이다.

4) 추구할 체험 : 성숙에 이르게 하는 체험

| 말씀읽기 |

그러므로 너희는 하나님이 택하사 거룩하고 사랑받는 자처럼 긍휼과 자비와 겸손과 온유와 오래참음을 옷 입고 누가 누구에게 불만이 있거든 서로 용납하여 피차 용서하되 주께서 너희를 용서하신 것 같이 너희도 그리하고 이 모든 것 위에 사랑을 더하라 이는 온전하게 매는 띠니라(골 3:12~14)

성령이 자신이 계시하신 말씀을 따라 성숙으로 이끄시는 체험이다. 영적인 성숙은 그리스도의 중요한 의무이다. 성령은 예수를 믿는 자들 모두를 성숙에 이르게 하시기 원한다. 그러나 성숙은 한 번의 체험으로 단번에 이루어지는 것이 아니다.

그래서 성경은 성숙을 위해 특수한 체험을 추구하지 말고, 예수 그리스도와 주님의 사역에 대한 이해 속에서 감사함으로 성숙에 이르라고 말씀하신다. 예수 그리스도에게 초점을 맞춘 가운데 감사로 반응하는 것이 성숙의 비결이라는 것이다.

5) 추구할 체험 : 말씀과 성례라는 방편을 통한 체험

| 말씀읽기 |

이는 우리가 믿음으로 행하고 보는 것으로 행하지 아니함이로라(고후 5:7)

마지막으로 우리가 추구할 체험은 계시된 말씀과 성례라는 은혜의 방편을 통해 성령이 친히 이끄시는 체험이다. 여기서 계시된 말씀은 곧 기록된 말씀, 들리는 말씀이고, 성례는 보이는 말씀이라 할 수 있는 세례와 성찬이다. 세례와 성찬을 보이는 말씀이라고 하는 것은, 세례를 통해 그리스도와 연합하고 성찬을 통해 그리스도 자신을 보이시는 일을 하기 때문이다. 신약 성경의 기록들은 이 두 가지를 하나님의 현존을 경험할 수 있는 방편이라 말한다.

그리스도가 사라진 영적 체험을 경계하라!

그리스도는 온데간데없이 사라지고, 자기중심적인 경험만 난무하는 괴이한 현실 속에서 가장 시급한 일은 성령님의 고유한 사역에 대한 이해와 그리스도를 초석으로 한 신령한 경험의 회복이다.

9. 구역장의 세가지 영성

| 말씀읽기 |

살리는 것은 영이니 육은 무익하니라 내가 너희에게 이른 말은 영이요 생명이라(요 6:63)

구역을 돌보는 모든 일은 영적인 사역이므로 구역장은 성령이 충만하여야 한다. 영성이 살아 있어야 한다. 성령의 인도하심을 따라 기도하고 말씀 증거도 해야 한다. 성령 충만이 없이는 구역을 성공적으로 이끌어 갈 수 없다.

1) 구역장에게는 기본적인 영성이 필요하다.

구역은 교회에서 가장 작은 기본 단위이지만 구역이 감당해야 할 내용은 작은 교회의 모습이다. 그러므로 구역장에게는 말씀에 뿌리를 내려 건강하게 자랄 수 있는 영성이 필요하다.

2) 구역장에게는 공격적 영성이 필요하다.

구역장은 현상 유지만 생각하고 있으면 안 된다. 공격적인 영성을 가져야 한다. 구역은 생명력을 가진 작은 유기체이기 때문에 구역이 성장을 멈추면 구역원들은 영적으로 병들게 되어 있다. 따라서 구역은 계속 자라 재생산을 해야 한다.

3) 구역장에게는 야성적 영성이 필요하다.

구역장의 사역은 지역 성도들의 생활 현장 속에서 이루어지는 사역이다. 그렇기 때문에 구역장에게는 현장에서 필요한 야성적 영성이 필요하다. 이런 영성을 바탕으로 구역장은 영적 전투의 첨병 역할을 할 수 있는 것이다.

그러므로 구역장은 구역원의 신앙성장을 도우며 역동적 사역을 지휘하는 멀티 플레이어 사역자이다. 잡초가 이리저리 밟히면서도 꿋꿋이 생명력으로 자라나듯이 야성적 영성으로 세상 속에서의 온갖 비바람을 이겨 나가야 한다.

| 핵심포인트 |

성경적인 영성은 몸과 마음이 건강하고, 성령 충만하여 영혼이 강건하여 하나님 나라의 일꾼이 되는 것이다. 영성생활은 우리 존재 전체 곧 육체, 정신, 감정, 의지, 결단, 그리고 영혼 등과 모두 관련이 있다. 그것은 삶의 한 단편만 이야기하는 것이 아니라 삶 전체와 관련이 있다.

좋은열매 | Good Fruit

1. 내게 은혜와 도전이 되는 말씀과 구체적인 실천사항을 나누어 보자.

은혜와 도전이 되는 말씀	구체적인 실천사항

2. 당신이 생각하는 기독교 영성은 무엇이라 생각하는가?

3. 구역장으로서 갖추어야 할 영성은 무엇이라 생각하는가?

4. 다함께 합심기도로 마무리하자.

1) 좌로나 우로나 치우치지 않는, 감정과 이성이 균형 잡힌 영성을 갖출 수 있도록 하옵소서.

2) 구역원들이 말씀과 삶이 일치하는 기독교 영성을 갖출 수 있도록 하옵소서.

3) 우리 구역이 체력관리, 물질관리, 인적관리, 영성관리를 잘 하여서 하나님께 영광 돌리게 하옵소서.

05 구역전도, 전도소그룹으로 전환하라

"전도하는 사람은 역동적인 인생을 사는 동트는 새벽 같은 사람입니다."

| 말씀읽기 |

또 이르시되 너희는 온 천하에 다니며 만민에게 복음을 전파하라(막 16:15)

좋은씨앗 | Good Seed

구역장 윤옥순 집사의 전도 이야기(광주 산돌교회)

어느 날 전도를 위해서 청솔아파트를 방문했다. 각 층마다 우유통에 전도지와 교회 소식지를 집어넣었다. 집집마다 초인종을 눌렀지만 아무 반응도 없었다. 간혹 말소리가 들려도 전도하러 왔다는 말에 모두 냉담한 반응들이었다.

안타까운 마음으로 엘리베이터를 타고 내려오다가 한 아줌마를 만났다. 기회를 놓칠세라 그분에게 말을 건넸다. 물론 순간적으로 성령님을 의지하고 기도하는 것도 잊지 않았다.

"안녕하세요? 전 산돌교회에 다니는 윤옥순이라고 합니다."

처음 보는 아줌마인데도 뜻밖에 인사를 잘 받아주었다.

"아, 그러세요. 저는 3층에 살고 있어요."

인사를 받는 순간 무언가 받아들이겠다는 판단으로 재빨리 물었다.

"혹시 시간이 되시면 저와 이야기 좀 나누실 수 있을까요?"

아줌마는 약간 주저하다가 집에 들어가 차를 마시자고 허락했다.

순간적으로 성령님이 전도하는 데 낙심하지 않도록 사람을 만나게 해 주셨다는 생각을 했다. 전도하려고 하는 마음의 소원을 가질 때 성령님이 반드시 길을 예비해 주신다는 것도 깨닫게 되었다.

그런 체험들을 통해서 어떤 마음을 갖느냐, 즉 정말 성령님을 의지하는 마음을 갖느냐에 그 결과가 달려 있다는 것을 확신하게 되었다. 그렇게 해서 집에 들어가 이런 저런 이야기를 나누었다.

그러다가 그 아줌마가 전에 교회를 다니다가 신앙생활을 중단한 것을 알게 되었다. 그날 초면이지만 차를 마시며 인간미 넘치는 대화로 서로 쉽게 마음문을 열게 되었다. 성령님이 도와주시지 않았다면 불가능한 일이었다.

사람의 마음은 성령님이 다스리신다는 것을 배우기도 했다. 그 후로 그 아줌마를 위해서 집중적으로 기도하고, 사람을 만나기 전에는 항상 성령님을 의지하는 마음을 갖고 일한다. 사람을 만날 때면 할 말을 가르쳐 주시도록, 늘 적절한 말을 하여 시험에 들거나 상처받는 일이 없도록 성령님께 의지한다. 그렇게 그 아줌마와 몇 차례 접촉하고 나서 그분이 신앙을 회복하게 되었다.

성령님이 허락하신 전도의 열매였다. 구역을 섬길 때도 성령님을 의지하고 돌아보면 어려운 일이 자연스럽게 해결될 때가 한 두 번이 아니다. 어느 날 구역 예배 후에 구역 식구들과 직분을 맡은 문제로 이야기를 나누게 되었다. 그런데 대부분의 구역원들이 직분을 맡는 것을 무거운 짐으로 생각했다. 모두들 내년에는 홀가분하게 교회생활을 하겠다는 것이었다. 안타까운 마음이 있었지만 그 자리에서 말할 수 없어서 조용히 듣고 있었다.

그날 이후 나는 한 주일 동안 기도했다. 말할 때도 성령님이 지혜를 주시도록 기도했고, 구역 식구들에게 부담이 되거나 상처가 되는 일이 없도록 해 달라고 성령님을 의지하면서 기도했다. 일주일 후에 구역 예배를 마치고 조심스럽게 그 이야기를 꺼냈다.

그런데 모든 구역원들이 언제 지난주에 그런 이야기를 했느냐는 식으로 내년에도 열심히 직분을 감당하겠다고 했다. 오히려 자기들이 잘못 생각해서 미안하다면서 이야기를 마쳤다. 성령님을 의지하고 기도하던 마음이 소원을 들어주신 하나님을 찬양한다.

1) 위의 글을 읽고 느낀 점과 생각을 나누어 보자.

2) 나는 누구의 전도를 받고 신앙생활을 시작하였는가? 그리고 그 이후 당신은 누구를 전도했는가?

1. 구역 전도란 무엇인가?

| 말씀읽기 |

이르시되 때가 찼고 하나님의 나라가 가까이 왔으니 회개하고 복음을 믿으라 하시더라(막 1:15)

교회는 전도하지 않고 성장을 기대해서는 안 된다. 교회에서 성장이란 양적 성장이 있고 영적 성장이 있다. 전도라는 말은 헬라어로 "좋은 소식"이라는 말에서 유래하고 있다. 전도라는 말은 복음에서 유래했기 때문에 "전도"와 "복음" 혹은 "복음전도"는 같은 말이 된다. 복음전도라는 말은 분명히 신약성경의 헬라어의 뜻에서 유래하고 있다는 것을 알 수 있다.

유앙겔리조	기쁜 소식을 전한다
케룻소	예고하다
디다스코	가르치다
마르투스	증인, 순교자
마데테스	제자-어느 한 곳에 자신의 마음을 쏟는 자

1) '유앙겔리조'라는 낱말은 '기쁜 소식을 전한다'는 뜻이다.

2) '케룻소'라는 낱말의 뜻은 '예고하다'(To herald)이다. 이것은 임금의 법령을 알리기 위하여 이 지방 저 지방으로 돌아다니는 전령자를 묘사하는 말이다. 왕이 하고자 하는 말을 전령자가 대신 선포하는 것이다.

3) '디다스코'는 '가르치다'라는 뜻으로, 가르침의 극치는 예수를 선포하는 데서 추구되는 회개에서 찾아진다.

4) '마르투스'의 뜻은 '증인'(Witness)이다. '증인'이란 낱말에서 '순교자'란 뜻을 찾게 된다. 순교자는 자신의 피로써 자신의 증거를 뒷받침하는 사람이다.

5) '마데테스'라는 낱말의 뜻은 '제자'이다. '제자'란 '어느 한 곳에 자신의 마음을 쏟는 자'란 뜻이다.

C.E. Autrey는 복음전도에 관해서 정의내리기를 "복음전도는 불타는 마음으로 복음의 증인이 되는 것이고, 듣는 자들을 제자로 만들려는 뚜렷한 목적으로서 가르침을 전파하는 것이다."라고 했다.
"전도란 성경대로 저주로 멸망할 죄인들이 성령의 능력을 통하여 그리스도를 구주로 영접하고, 하나님을 믿게 할 목적으로 십자가에 달리시고 부활하셔서 인류의 유일한 구속자 되신 그리스도의 복음을 전파하는 것이며, 삶 속에서 교회에서 그리스도를 섬기게 하며 영광 중에 그리스도가 나타날 날을 기다리게 하는 것이다."

그러므로 전도란 예수 그리스도를 자신의 구주로 영접하고, 하나님을 믿게 하려는 목적으로 십자가에 죽으시고 부활하심으로 인류의 유일한 구주가 되신 예수 그리스도를 전파하는 것이다.

교회 공동체 속에 구역이라는 소그룹은 교회와 세상과의 중간지대이다. 주대식 목사는 그의 Th. M 논문 "한국교회의 구역예배에 관한 연구"에서 전도를 하기 위해서는 전도자 확보가 필요한데, 전도를 받아들일 가능성이 많은 대상자를 확보하는 일의 중요성을 이렇게 말하고 있다.

·우리교회 예배시간이나 구역예배에 참석한 일이 있는 사람
· 우리교회 주일학교에 나오는 학생들의 부모님이나 가족들
· 구역 내에 새로 이사 오는 가정
· 구역원들이 잘 알고 있는 이웃으로 구역장은 이와 같이 사람들을 뽑아 전도대상자 카드를 만들어 두고 늘 기도하며 구역원들과 함께 전도전략을 숙지해야 한다.

구역이라는 소그룹의 전도 대상자를 확보하기 위한 일의 중요성을 가지고 기도하고 준비하게 될 때는 불타는 증인으로서의 사명을 다하게 될 것이다. 구역의 문제점 중 가장 심각한 것은 구역이 세상을 향하여 닫혀져 있다는 것이다. 이것은 구역이 영혼을 구원하는 일에 힘쓰지 않고 있기 때문이다. 구역에서 친교만 강조되고 더 이상 새로운 사람이 와서 정착하기 힘든 경우가 많다.

기존의 구역구성원들이 자기들만의 관계에 집착함으로 구역의 분가를 원치 않으면 구역은 더 이상 소그룹으로서의 생명을 잃은 것이나 마찬가지이다.

2. 구역 전도의 목적

1) 하나님의 영광

| 말씀읽기 |

하늘에 있는 자들과 땅에 있는 자들과 땅 아래 있는 자들로 모든 무릎을 예수의 이름에 꿇게 하시고 모든 입으로 예수 그리스도를 주라 시인하여 하나님 아버지께 영광을 돌리게 하셨느니라(빌 2:10~11)

그리스도인의 생활은 하나님의 영광과 직결되어야 한다. 사도 바울은 "하늘에 있는 자들과 땅에 있는 자들과 땅 아래 있는 자들로 모든 무릎을 예수의 이름에 꿇게 하시고 모든 입으로 예수 그리스도를 주라 시인하여 아버지께 영광을 돌리게 하셨느니라"(빌 2:10, 11) 말씀하심으로 불신자 전도를 통하여 주님께 돌아오는 영혼이 많을 때 하나님께 영광이 된다고 하셨다. 전도는 곧 하나님의 영광을 위한 것이라고 할 수 있다. 웨스트민스터 소요리문답 제 일문에는 사람의 제일 되는 본분은 하나님을 영화롭게 하는 것과 영원토록 그를 즐거워하는 것이라고 하였다. 전도는 곧 신자들의 본분이며 하나님의 영광을 드러내는 최선의 길이다.

2) 영혼구원

| 말씀읽기 |

천하 사람 중에 구원을 받을 만한 다른 이름을 우리에게 주신 일이 없음이라(행 4:12)

전도는 영혼의 구원을 위한 것이다. 구역에서 전도하는 궁극적인 목적은 하나님께 영광을 돌리며 하나님을 기쁘시게 하는 것이다. 구역원들이 전도하는 목적은 하나님 나라의 성취를 위해서이다. 성도들의 최대 소망은 하나님 나라가 이 땅에 이루어지도록 구역원들이 전도하는 것이다.

특히 구역원들이 전도하는 중요한 목적은 불신자들에게 다가가서 그들의 회심과 그들의 수가 교회에 더하게 함으로 교회가 성장하게 되는 것이고, 그리스도의 왕국을 확장하는 것이다.

복음을 듣고 신앙고백을 하는 것으로 그치는 것이 아니라 구역원들이 전도와 재생산하는 신자를 만들어서 교회를 성장하게 하는 것이다. 죄로 인하여 죽었던 하나님의 택하신 백성을 예수님의 이름으로 구주를 믿게 하여 구원을 얻게 하며, 재생산하는 전도자가 되도록 함으로써 구역교회의 성장을 이루는 동시에 교회와 하나님 나라가 이루어지는 것이다.

3) 하나님 나라 확장

| 말씀읽기 |

이 천국 복음이 모든 민족에게 증언되기 위하여 온 세상에 전파되리니 그제야 끝이 오리라(마 24:14)

모든 성도들의 최대의 소망은 하나님의 나라가 우리 세대에 이루어지는 것이다. "이 천국 복음이 모든 민족에게 증언되기 위하여 온 세상에 전파되리니 그제야 끝이 오리라"(마 24:14)는 말씀대로 모든 사람에게 복음의 소식이 전해질 때 하나님의 나라가 이 땅에 성취될 것이다.

그러므로 모든 성도들은 열심을 다해 복음을 전하여 하나님 나라가 속히 이 땅에 이루어지도록 힘써야 한다.

그리스도인의 생활은 하나님의 영광과 직결되어야 한다. 전도는 곧 하나님의 영광을 위한 것이라고 할 수 있다. 전도는 영혼의 구원을 위해서이다.

3. 구역을 통한 효과적인 전도

| 말씀읽기 |

너는 말씀을 전파하라 때를 얻든지 못 얻든지 항상 힘쓰라 범사에 오래 참음과 가르침으로 경책하며 경계하며 권하라(딤후 4:2)

구역은 시작할 때부터 전도와 성장에 초점을 맞추어 새로운 구역이 재생산되는 것을 목적으로 삼아야 한다. 구역은 단순히 전체 교인을 지역과 숫자를 기준으로 구분해 놓은 조직이 아니다. 구역은 비록 작은 조직체이지만 자생적인 생명력을 가지고 생동하고 성장하는 교회의 기본 생명체이다.

성경공부와 기도회가 잘 이루어져도 전도가 없는 구역은 죽은 구역이다. 구역은 믿지 않는 사람을 자연스럽게 불러 모을 수 있으며 개인적인 관심과 섬김으로 꾸준히 그리스도인으로 세워 갈 수 있는 곳이다. 따라서 구역은 가정 복음화와 지역 복음화를 위한 끊임없는 중보기도와 전도를 시행해야 한다. 그러므로 전도에 있어서 구역 전도만큼이나 효과적이며 안정적인 방법이 없다.

초대교회의 교인들은 그리스도의 기쁜 소식을 다른 사람들에게 전하기 위해서 세 가지를 하나님께 드렸다. 첫 번째는 가정(Home)이요, 두 번째는 소유물(Property)이요, 세 번째는 친분관계(Friendship)였다. 가정은 이웃을 초청하여 대접하여 섬기며 사귀어서 그리스도를 소개하는 데 최적의 장소이다.

1) 얼굴을 맞대고 자신의 이야기를 마음껏 할 수 있는 곳이다.

2) 서로의 이야기에 귀를 기울이는 곳이다.

3) 모든 사람이 자신의 이름을 불러 주는 곳이다.

4) 서로의 삶을 함께 나누는 곳이다.

5) 서로를 위해 기도를 해주는 곳이다.

6) 세상에 있으면서 천국을 맛보는 곳이다.

7) 하나님의 공동체를 형성시켜 나아가는 구심점이다.

4. 구역 전도의 다섯가지 유익

| 말씀읽기 |

하나님을 찬미하며 또 온 백성에게 칭송을 받으니 주께서 구원받는 사람을 날마다 더하게 하시니라(행 2:47)

구역조직을 전도소그룹으로 전환하는 것은 교회적인 유익이다. 이것은 특별 전도팀을 따로 만들기 보다는 기존 구역을 전도소그룹으로 전환하자는 것이다. 특별 전도팀이 독립적이라면 구역전도는 교회 전체적으로 유기적 관계를 맺고 있기 때문에 전도의 생활화를 교회 전체적으로 정착화시키기에 적합하다.

아울러 구역전도는 개인전도의 문제점을 보완한다. 예를 들면, 전도자가 축호 전도 시 피전도자의 다양한 상황에 맞추기 어렵다는 것이다. 때로는 상대가 이성이라서 곤란하고, 세대가 크게 차이 나서 어렵거나 혹은 가정 형편이나 배경의 차이도 전도에 제약이 될 수 있다.
그러나 그룹으로 전도하는 구역전도는 이런 제약들을 크게 극복할 수 있다. 구역 안에 이미 다양한 조건과 모습들을 갖추고 있기 때문이다. 이에 구역전도의 유익으로 다섯 가지를 들 수 있다.

1) 구역원들이 하나 될 수 있다.

구역전도를 준비하면서 성도들이 하나가 될 수 있다. 구역전도는 혼자의 힘으로서는 실시하기 힘든 일이기에 구역원들이 힘을 모아야 한다. 구역전도를 위해 적절하게 각자 고유의 업무를 분담하고 협력할 수 있다. 대상자들의 접촉 결과를 데이터화하는 작업과 그들을 위한 도고기도를 이끄는 역할 그리고 그들을 구역모임에 초청하기 위한 프로그램 기획과 진행, 준비물 등을 서로 힘을 모아 역할을 분담하면 훨씬 쉽게 큰 힘을 발휘할 수 있다. 이처럼 전도는 물론 개인이 힘써야 할 부분이지만 구역원들이 더욱 협력하여 감당할 수 있다.

2) 기도하는 성도들이 될 수 있다.

영혼을 구원의 길로 인도하려면 당연히 기도로 준비해야 하기 때문에 자연스럽게 기도하는 성도들이 된다. 지역 노방 축호 전도를 나가기 전 합심하여 뜨겁게 기도하게 되고 돌아와서 접촉자들을 위한 중보기도를 하게 된다. 그리고 접촉자들을 구역모임에 초청하는 집회를 위하여 연합해서 혹은 개인적으로 순번을 짜서 하는 등 많은 기도를 하게 된다. 초청을 앞두고 기도 체인을 만들거나 한 끼씩 금식하며 기도하는 것은 목적을 가진 구체적이고도 적극적인 기도이다.

3) 비신자에 대하여 관심을 갖게 된다.

구역에서 계획하여 사람들을 구역모임에 초청한다고 해서 쉽게 오지 않는다. 그렇기에 이웃들에 대해서 얼마나 잘 대해야 하는지를 뼈저리게 느끼고 끊임없는 관심을 가지고 이웃을 대해야 하는 필요성을 느끼게 된다.

영혼을 인도하겠다는 생각으로 대하다 보니 자연히 이웃에 대해 깊은 관심을 갖고 다가서게 된다. 그러므로 구역전도는 성도들이 이웃들과 어떤 관계를 맺고 사느냐에 따라 성패가 좌우될 수 있다.

스티브 시외그렌은 "우리가 사랑의 작은 행동을 통하여 사람들과 접촉하게 되면 그들은 자연스럽게 교회에 관해 알고 싶어하고 호감을 갖게 된다."며 섬김의 전도를 강조하였다. 그의 말은 전도의 출발은 말이 아니라 하나님의 사랑을 이 세상에 나타내는 것이라는 것이다.

우리가 하나님께 붙들린 바가 되어 작은 일에서부터 불신자들을 섬기면 그들은 "도대체 왜 이런 일을 하느냐?"고 묻게 되고 우리는 "하나님이 당신을 사랑하시기 때문이다."라고 대답하면 된다는 것이다.

4) 전도에 담대함이 생긴다.

복음을 조리 있게 전하기 위해서는 전도에 대한 기본적인 훈련이나 담대함이 있어야 한다. 그래서 전도를 해야 한다는 부담감은 있지만 선뜻 나서지 못하는 것이 사실이다. 그러나 평소에 전도에 대한 두려움이 있는 성도라도 구역에서 함께 전도를 하면 전도에 대한 두려움의 벽이 쉽게 깨지게 된다.

5) 지속적인 전도가 이루어진다.

전도는 무엇보다 시간 싸움이다. 단번에 혹은 짧은 시간에 전도되는 경우는 많지 않기 때문이다. 많은 경우 충분한 시간을 가지고 접근해야 한다. 그러므로 혼자서 전도하면 처음 열정이 사라지면서 전도가 중단되는 경우가 많다. 이것은 차라리 하지 않는 것보다 못하다. 그러나 구역원들이 하나가 되어 전도하면 서로때문에라도 전도에 꾸준히 참여하게 된다.

시간이 흘러 일부 구성원이 지치면 다른 이가 격려하여 다시 회복시킬 수 있다. 윌리엄 케리 선교사는 힌두교인 한 명을 세례 받게 하기 위해 7년이나 기다렸다고 한다. 아프리카에서는 한 명을 구원하기 위해 14년이 걸린 경우도 있다고 한다. 어떤 경우에는 9년 걸려서 한 명 세례 받는 곳도 있다고 한다.

5. 구역 전도 접근 3단계

| 말씀읽기 |

내가 복음을 부끄러워하지 아니하노니 이 복음은 모든 믿는 자에게 구원을 주시는 하나님의 능력이 됨이라 먼저는 유대인에게요 그리고 헬라인에게로다(롬 1:16)

1) 기도로 접근하는 것이다.

전도대상자의 마음과 환경을 열어 달라고 기도하는 것이다. 수시로 기도해야 하며 구역에서 합심 중보기도 해야 한다. 기도만큼 사람의 마음문을 여는 열쇠가 없다. 더욱이 영혼 구원하려는 전도사역에는 두말할 것이 없다. 복음전도는 구역의 목적이요, 사명이며, 존재 이유이다. 구역은 구원받지 못한 사람들을 위하여 많이 기도하고 구역원들은 모두 전도해야 할 책임이 있다. 구역 전도의 제1단계는 '기도하기'이다.

① '빈 의자'를 위한 기도

모임을 진행할 때마다 1~2명의 잃어버린 자를 의미하는 빈 의자를 하나 마련하자. 그룹원들을 그 의자(이름을 적어두자) 주위에 모여 앉게 한 후 그들이 잃어버린 사람의 구원을 위해 기도하자고 요청하자.

② 기도 친구 만들기

서로가 잃어버린 친구를 위하여 매일 기도할 수 있도록 소그룹원들 간에 짝을 지어 주자. 짝을 지어 주면 기도에 대해 책임감이 생겨나게 된다.

③ 잃어버린 영혼을 위한 합심기도

여러분의 소그룹 모임에 새로운 기도의 방식을 소개해 보자. 다음 모임에서 소그룹원들에게 일어나서 잃어버린 영혼의 구원을 위해 동시에 큰소리로 함께 기도하자고 요청해 보자.

④ 방문기도

그룹원 전체가 전도대상자의 집 앞으로 가서 그곳에서 함께 그 영혼의 구원을 위해 기도하자.

⑤ '긴급수배' 포스터 만들기

미리 인쇄된 포스터나 이면지 위에 잃어버린 사람들의 이름을 쓰고 벽에 붙인 후 그 사람들과 전도자와 함께 만날 수 있는 기회를 얻기 위해 기도하자.

2) 섬김으로 접근하는 것이다.

대상자의 가정 일을 돕거나, 김치나 반찬을 나누어 주는 일, 아이를 보살펴 주는 일 등 사랑을 실천하는 일들이다. 사람은 본성 자체가 누군가에게 대접을 받으면 마음이 열리고 요구에 긍정적으로 반응하기 마련이다.

숭실대학교 기독교학 대학원 교수 김영한은 말하기를 교회는 복음전파와 더불어 사회봉사를 해야 한다며, 실제 주님께서는 신체적인 치료도 하셨고 사회적으로 소외된 자, 세리와 창녀와 가난한 자의 친구가 되시고 저들을 복음으로 인도하셨다고 그의 책에 밝힌다.

3) 복음으로 접근하는 것이다.

여러 가지 간증을 들려줄 수 있고 전도대상자의 삶에 필요한 신앙서적도 복음 접근의 좋은 매개다. 전도대상자들을 위해 특별히 제작된 교회신문이나 소책자도 좋은 도구가 된다. 전도자가 복음 제시 훈련을 받아 직접 복음을 제시하여 영접시키는 것까지 하면 가장 좋다. 이때, 가능하면 구역원들이 전도에 골고루 동참할 수 있도록 각자에게 맞는 역할을 정해 주는 것이 좋다. 이를테면 전도 자료 준비, 중보기도, 재정 후원, 전도 현장 동행, 아이 돌보기 등이다. 구역이 지역으로 나아가 축호 전도하다 보면 전도 가능성자들이 선별된다. 그들과의 관계를 심화시켜 나가는 것이 구역전도의 관건이다. 이것이 곧 관계전도로 발전되는 것이다.

TIP | 봉사활동을 통한 전도전략

1. 그 구역 안의 불우한 사람과 그 가정에 대해서 관심을 가지고 찾아본다.
2. 구역 안의 환자나 어려움 중에 있는 사람을 방문하고 도와준다.
3. 구역에서 해결하기 힘든 일은 교회 봉사부에 보고하고 협조를 구한다.
4. 구역 내에 자녀 교육문제로 어려운 가정을 살펴보고 도와준다.
5. 이사하는 가정과 이사 오는 가정을 위하여 봉사하여 줌으로 교회에 인도할 수 있다.

6. 구역 전도 전략

| 말씀읽기 |

그들이 날마다 성전에 있든지 집에 있든지 예수는 그리스도라고 가르치기와 전도하기를 그치지 아니하니라(행 5:42)

1) 연초에 각자의 목표를 세워 전도대상자를 정하도록 한다.

2) 매주 구역 모임을 가질 때마다 그들을 위해 기도한다. 또한 매일 그들을 위해 기도하도록 권한다.

3) 전도대상자에게 세심한 관심을 가진다. 특히 경조사에 반드시 찾아간다.

4) 전도할 대상자를 관찰한 이야기를 종종 나눈다.

5) 어떤 경우에도 그와의 논쟁을 피한다.

6) 그들에게 베풀 사랑이 무엇인지 전략을 세운다. 예를 들어, 간단한 생필품이나 성경책, 혹은 적절한 전도 책자를 선물한다.

7) 기회를 봐서 음식을 준비해 자연스럽게 초대한다.

8) 초대 시 반드시 선물을 준비한다.

9) 3개월 이후 구역모임이나 교회로 초청하고, 교역자에게 연결시켜준다.

10) 교회에 등록시키고 나서도 학습, 세례를 받을 때까지 책임을 갖고 영적으로 도와준다.

7. 현시대에 맞는 구역 전도 방법 : 관계중심전도

| 말씀읽기 |

오직 너희는 그리스도의 복음에 합당하게 생활하라(빌 1:27)

많은 그리스도인들이 전도의 비결을 찾는다. 하지만 전도는 비결 이전에 기본기이다. 먼저 기본기를 갖추어야 비결이 나온다. 기본기가 확고하게 갖추어져 있으면 전도사역은 자연스럽게 일어난다. 사실 관계중심전도는 전도의 기본기를 회복하고 다지는 전도방식이다.

관계중심전도는 4가지의 즐거움을 준다. 첫째는 좋은 나무가 좋은 열매를 맺는 자연스러운 즐거움이고, 둘째는 감동을 주고받는 감성의 즐거움이며, 셋째는 사람을 만나고 교제하는 관계의 즐거움이고, 넷째는 에너지가 흘러넘치는 열정의 즐거움이다.

관계중심전도를 통해 우리의 내면, 심령 깊은 곳에서 예기치 않는 기쁨, 결코 멈출 수 없는 큰 기쁨을 일상생활 가운데 만끽하기를 바란다.

전도는 일상의 즐거움이 되어야 한다. 전도의 즐거움을 만끽하라. 하지만 오늘날의 복음전도의 이미지는 부담스러움, 당혹스러움, 강압적, 비상식적 등과 같은 부자연스러운 이미지이다. 관계중심 생활전도는 그와 같은 전도의 장애로부터 자유롭게 한다. 상식을 뒤집어 놓는 전도방식이다.

1) 관계전도란 인격으로 전도하는 것이다.

의사의 생활과 인격은 환자에게 중요한 것이 아니며 변호사의 생활과 인격 또한 재판하는 데 중요한 것이 못된다. 그러나 복음을 전하는 전도인의 생활과 인격은 전도하는 데 중요한 역할을 한다. 전도인의 삶의 모습은 물건을 사기 전에 미리 보는 견본품과 같으며 미리 보게 되는 영화의 예고편(豫告篇)과 같다.

초대교회 성도들은 사도들의 가르침을 받아 진리 안에 바른 생활을 했다. 그들은 서로 교제하며 모든 물건을 서로 통용하며 빛된 생활을 했다. 그들의 변화된 생활은 온 백성에게 칭찬을 받았다. 그 결과 주께서 구원받은 무리를 날마다 더하게 하셨다(행 2:47). 그들은 주후 300년이 지나기까지 교회 건물이 없었으므로, 성도들 개개인의 집에 모였다. 복음을 통해 놀랍게 변화된 생활이 뒷받침된 사람들이 복음을 전했기 때문에 그 당시 그 결과가 선하게 나타났다는 사실이다.

그러므로 전도인의 삶의 모습은 바로 살아있는 전도지이며 불신자를 주님 앞으로 안내하는 이정표(里程標)인 것이다. 전도인은 전도대상자의 마음을 바꾸려고 노력하는 것보다 먼저 자신의 삶의 모습을 바꾸어서 그리스도인으로서 본이 되고 칭찬 받을 만하여야 한다.

2) 전도대상자를 선정하고 양식형 전도를 한다.

지금까지 전도는 투망을 던져서 물고기를 잡듯이 일정한 대상이 없이 아무나 붙잡고 전도하는 투망식(投網式) 전도 방법이었다. 그러나 생활 전도는 물고기를 양식하듯이 주변 사람 중에서 성령의 도우심으로 적당한 전도대상자(태신자)를 선정하고 집중적으로 사랑을 베풀며 전도하는 양식형(養殖形) 전도 방법이다.

3) 관계전도는 선행으로 한다.

전도인은 말을 잘함으로써 '말꾼'이라는 평을 듣는 것보다 주변에 어려운 사람들을 도와주는 선행으로 '일꾼'이라는 평을 받아야 한다. 전도란 입으로 전하는 것도 중요하지만 행동으로 사랑을 베풀면서 전도할 때에 효과적으로 전도할 수 있다.

4) 관계전도는 정(情)을 주는 것이다.

한국 사람들은 정(情)에 약하다. 그러므로 전도대상자에게 정(情)을 주면서 인정(人情)에 호소하면 교회로 초대할 때에 거절을 못하는 것이다. 통계에 의하면 새신자들은 80% 이상이 친척, 친구 등 이웃의 끈질긴 권유로 정(情)에 이끌려서 교회를 나오고 있다. 교리에 감동이 되어서 회개하고 신앙생활을 하는 경우보다 친분 있는 주변 사람의 인간적인 정(情)에 이끌려서 교회를 나오고 있는 것이다.

TIP | 구역전도 방법(송기섭 목사)

1. 남성구역과 여성구역, 청년구역의 개념으로 교회의 조직을 일원화한다.

2. 전도 소그룹의 구성은 기존 구역장을 리더로 한다.

3. 전도 소그룹의 리더와 구성원들을 일주일에 1번씩 만나서 예배와 교제의 시간을 갖는다.

4. 리더와 그룹원들은 태신자 카드에 그룹원의 전도대상자의 이름을 올리고 모일 때마다 태신자 카드에 손을 얹고 추수를 위하여 기도한다.

5. 전도 소그룹의 리더는 그룹원 전체의 태신자 리스트를 만들고 소그룹이 그들을 위하여 공동체적으로 기도하도록 유도하며 소그룹 차원의 섬김을 준비한다.

6. 전도 소그룹은 태신자를 위한 초청 추수행사를 3개월마다 가지며 더 깊은 교제의 단계로 진행한다.

7. 전도 소그룹별로 품은 태신자를 교회적으로 추수하기 위하여 1년에 두 차례 정도 초청집회를 교회적으로 준비한다.

8. 구역 전도공과 활용

1) 교회는 다니고 싶지만 너무 바빠서

직장생활을 하는 사람은 주말에 쉬고 싶어 합니다. 늦잠도 자고, 목욕도 하고, 운동도 하고, 등산도 가고 싶어 합니다. 주부들은 주중에 집안일, 주말에는 부모님 방문으로 바쁩니다. 학생들은 과제물 제출과 아르바이트로 바쁩니다. 교회에 다니기에는 너무 바쁜 이유가 누구에게나 한두 가지는 있습니다. 삶의 진정한 의미를 생각하기에는 우리의 일상생활이 너무 분주합니다.

1단계 / 공감 & 칭찬하기

전도에 첫 대화가 중요합니다. 첫 대화에서 마음을 열고 닫는 것이 결정되기 때문입니다. 그러므로 상대방의 입장을 공감하고 칭찬하는 자세가 필요합니다. 마음을 여는 열쇠, 칭찬 한마디! 얼굴에 미소가 띠어집니다. 대화가 시작됩니다. 그것이 전도의 시작입니다.

"네. 바쁘신 것을 보니 인생을 열심히 사시는군요. 인간관계도 넓으신 것 같습니다."

2단계 / 대화의 핵심 찾기

대화는 상대방과 나 사이에 교제의 다리를 놓아 줍니다. 그러나 방향 없는 대화는 복음을 전할 기회를 얻기가 어렵습니다.

전도하기 위해서는 대화의 핵심을 찾아야 합니다. 바빠서 교회를 나올 수 없는 경우에, 대화의 핵심은 '시간'입니다. 누구에게나 시간은 소중

합니다. 주말에 보내는 휴식, 운동, 데이트, 외식, 여행, 가족 모임 등….
우리 시간의 우선순위를 어디에 두어야 할까요?

3단계 / 새로운 시야 열기

여기서 우리는 '인생은 짧다'라는 사실을 생각해야 합니다. 분주한 일상생활이 아닌, 인생의 근본적인 문제를 깊이 생각해 보아야 합니다. 나의 존재 이유는 무엇인가? 시간의 우선순위는 어디에 두어야 하는가? 인생의 진정한 의미는 무엇인가? 이러한 질문과 대화는 전도의 기회를 제공합니다.

하나님께서는 우리에게 영원한 삶을 주시길 원합니다. 단 한 번뿐인 자기 일생을 과연 어떻게 살아야 제대로 사는 것일까요? 성경은 무엇보다도 시간을 아껴 소중하게 사용할 것을 가르치고 있습니다. "세월을 아끼라. 때가 악하니라"(엡 5:16). 교회에 나와 하나님께 예배드리고 신앙생활을 하는 것은 시간을 낭비하는 것이 아니라 당신의 한정된 시간을 더 귀한 일에 소중하게 사용하게 할 것입니다.

2) 지금 당장은 아니지만 나중에는 믿겠다!

전도를 하다 보면 "나중에 믿겠다."는 분들이 많이 있습니다. 그 이유는 일반적으로 다음과 같습니다.

- 세상을 좀 더 즐긴 다음에 믿겠다. 성공한 다음에 믿겠다.
- 나중에는 몰라도 현재로서는 신앙생활에 관심이 안 간다.
- 신앙생활 하기에는 너무 젊다. 나이가 들면 믿겠다.

사람들은 은연중에 교회에 나가면 즐거운 것들을 포기해야 한다는 생각과 교회 다니면 정직하게 살아야 하기 때문에 세상에서 출세하고 성공하기가 힘들다는 생각을 가지고 있습니다. 그러므로 지금 당장은 다닐 수 없다는 것입니다. 당신의 주변에는 이런 분이 없나요?

1단계 / 공감 & 칭찬하기

"저도 예수 믿기 전에는 그런 생각을 한 적이 있습니다. 제 친구 중에도 현재 그와 같은 이유로 신앙생활을 유보하고 있는 친구들이 있습니다."

"세상적인 견해나 인간의 상식으로는 그럴 수가 있습니다."

2단계/ 대화의 핵심 찾기

결심을 해서 신앙생활을 해 보면 완전히 다르다는 것을 발견합니다. 많은 사람들이 "좀 더 일찍 신앙생활을 했었으면 더 좋았을 건데" 하는 생각을 합니다. 신앙생활은 매이는 것이 아니라 참 자유와 기쁨을 주는 것입니다(요 8:32).

예수님 믿으면 포기해야 하는 아쉬움보다 새롭게 발견하고 누리는 기쁨이 더 많습니다. 예수님 믿는다고 성공이 늦어지고 출세를 못하는 것이 아닙니다. 통계를 보아도 크리스천들이 전문직종과 사업에 성공해서 이 사회를 위해 이바지하는 분들이 많습니다. 신앙생활을 하니 더욱 착실해지고 부지런해지고 신뢰감을 주어서 매사에 자신감이 있는 것입니다. 무엇보다도 하나님께서 축복해 주시니 기쁨이 넘칩니다.

3단계 / 새로운 시야 열기

이유야 어쨌든 나중에 믿겠다는 분들께 말씀드립니다. 기회는 항상 있는 것이 아닙니다. 지금이 중요합니다. "보라 지금은 은혜 받을 만한 때요 지금은 구원의 날이로다"(고후 6:2).

우리는 언제 무슨 일을 당할지 모릅니다. 세상에 태어나는 것은 순서가 있으나 죽음에는 순서가 없습니다. 아무도 자신이 죽을 때를 알지 못합니다. 따라서 우리에게 가장 중요한 시간은 '지금'입니다. "내일 일을 너희가 알지 못하는도다"(약 4:4). "어리석은 자여, 오늘 밤에 네 영혼을 도로 찾으리라"(눅 12:20)

주어진 기회, '지금'을 놓치지 마십시오. '나중에' 하고 미루다가 믿을 수 있는 기회를 영영 놓칠지도 모른다는 것을 명심하시길 바랍니다.

3) 어느 종교를 믿든 종교는 다 똑같아

이 세상에는 수많은 종교가 있습니다. 우리나라에서 널리 알려진 종교만 해도 족히 수십 종은 될 것입니다. 대부분의 종교는 일반적으로 '선하고 올바른 삶'을 가르칩니다. 그런 면에서 사람들은 '어느 종교를 믿든 종교는 다 마찬가지다'고 생각하는 것 같습니다. 당신 주변에 '종교는 다 똑같아'라고 말하는 사람이 있습니까?

1단계 / 공감 & 칭찬하기

"맞아요. 모든 종교는 다 선한 삶을 강조합니다. 그런 면에서는 종교는 다 똑같은 것 같아요.", "종교들의 대부분은 착하게 살라고 가르칩니다. 나쁜 사람이 되라고 말하는 종교는 하나도 없을꺼예요." 어느 심리학자는 누군가에게 비난이나 원성을 듣게 되면 마흔 아홉 번의 칭찬을 들어야 겨우 수저를 들 만한 용기가 생긴다고 했다.

2단계 / 대화의 핵심 찾기

그냥 윤리 수준에 머무는 종교가 있는가 하면, 구원의 길을 구체적으로 가르치는 종교가 있습니다. 인격과 윤리와는 동떨어진 미신과 주술에 그치는 종교가 있는가 하면, 고상한 인격과 삶을 내포하는 종교가 있습니다. 세상을 소란스럽게 하는 사이비 종교도 있습니다(영생교, 아가동산, JMS 등). 인격적인 유일신을 믿는 종교가 있는 반면에 비윤리적 귀신들을 숭배하는 종교도 있습니다. 종교라고 다 똑같은 종교가 아닙니다.

| 말씀읽기 |

어떤 길은 사람이 보기에 바르나 필경은 사망의 길이니라(잠언 14:12)

예수께서 이르시되 내가 곧 길이요 진리요 생명이니 나로 말미암지 않고는 아버지께로 올 자가 없느니라(요한복음 14:6)

3단계 / 새로운 시야 열기

기독교는 인간이 어떻게 구원에 이를 수 있는지 '구원의 길'을 바르게 제시합니다. 게다가 고상한 인격과 삶을 가지고 이웃을 내 몸과 같이 사랑하며 인류를 위해 봉사하게 합니다. 성경은 가정생활, 직장생활, 사회생활을 올바르게 할 수 있도록 가르칩니다.

VIP 중보기도

① 한 주간 VIP와 만나 섬겼던 일들을 나누기

② 한 주간 VIP를 위해 해야 할 일

③ VIP 기도제목

9. 전도대상자를 구역에 초청하라.

| 말씀읽기 |

네거리 길에 가서 사람을 만나는 대로 혼인 잔치에 청하여 오라 한대(마 22:9)

1) 세미나를 개최하라.

- 자녀 진학지도 세미나
- 자녀 교육법 세미나
- 공부의 신 세미나
- 모발관리나 피부관리 세미나
- 건강과 관련된 세미나

2) 전도 소그룹 5단계를 적용하라(제자들교회).

① 기도하라

비신자들을 섬기고 최선을 다해 초청을 하면 한두 번은 올 수 있지만 그들이 마음문을 열고 예수님을 받아들이고 교회에 정착하는 것은 성령님께서 역사하시는 일이다. 그러므로 전도대상자의 영혼을 위해 충분히 기도해야 한다.

전도 소그룹이 시작되면 첫째 주 목장예배에서 기도짝을 정하고 기도카드를 작성한다. 기도카드에는 자신의 전도대상자 7명과 기도짝의 전도대상자 7명의 이름을 적는다. 이 카드는 지갑에 지니고 다닐 수 있게 명함만한 크기로 만든다. 기도카드가 작성되면 기도짝과 매일 어떻게 기도할 것인가를 약속한다. 그냥 목자가 광고하는 것으로 끝나면 기도가 흐지부지 되므로 구체적으로 정확하게 매일 어느 시간에 어디에서 몇 분씩 반드시 기도하겠다고 서로 약속하게 한다. 또 전도 소그룹 1주 과정에 전교인 특별 새벽기도회를 14일간 실시한다. 이 기간 동안 전 교인이 새벽마다 VIP 카드를 갖고 비신자를 위해 뜨겁게 기도한다.

교회 안에 비신자를 위한 기도 문화가 자리 잡을 때 그 교회는 비신자를 위한 문이 열려 있는 교회라고 할 수 있으며 그러한 교회가 반드시 부흥한다. 비신자를 초청뿐 아니라 정착시키기 위해서 충분히 기도하는 것은 전도하는 데 무엇보다 중요하다.

② 1:1 관계를 세우라

다음 단계를 시작할 때 반드시 전 단계를 어떻게 했는지 점검한다. 기도짝이나 소그룹원들과 매주 어떻게 실행할 것인가를 약속하고 실행과정, 실행결과를 점검하는 시간이 매우 중요하며 이때 서로에게 도전과 격려도 되고 정보 교환도 된다.

2단계 과정에서는 전도대상자 14명 중 전도가 가능한 3명씩을 뽑아 기도카드에 따로 체크를 하고 이제부터는 이들 3명만 위해서 기도한다.

그리고 3명 중 1명이라도 한 주간 찾아가서 함께 시간을 보낸다. 최소한 1명과 1주일 동안 1시간이라도 함께 시간을 보내는 것이 2단계이다. 이것은 만나서 복음을 전하기 위함이 아니다. 씨를 뿌리기 전 땅을 옥토로 만드는 기간이다. 성급히 씨부터 뿌리는 것은 오히려 농사를 망칠 수 있으므로 이 기간엔 "교회 나오라. 예수 믿으라"고 표현하는 단계가 아니라고 교육한다. 2단계 과정에서 두 가지를 실천한다.

첫째는 그들과 시간을 함께 보낸다. 영화을 관람하거나 차를 마시거나 기념일을 함께 축하해 주고 가족끼리 만남을 갖기도 한다. 다양한 방법을 통해 관계를 세워 가는 것이다.

둘째는 그들을 섬기는 것이다. 큰 도움보다는 작은 도움들이 그들을 감동시킨다. 아이들이 병원에 갈 때 운전을 해준다든지, 병원에 다녀오는 동안 자녀를 돌보아 준다든지, 김치를 담가 나누어 준다든지 하면서 더 좋은 관계를 쌓아 가는 것이다.

③ 전체 소그룹에서 함께 관계를 세우라

2단계에서 전도대상자와 일대일로 만나서 섬겼는데 이 단계에서는 소그룹이나 교회 성도 중에서 자신의 전도대상자와 연관이 있는 성도와 함께 만나서 섬기며 관계를 갖는 것이다. 이렇게 하면 전도를 하는 사람도 전도대상자도 마음에 부담이 없고 즐겁다. 이 기간에 전도를 위한 '바자회'를 한다.

성도들은 친절하고 상냥하고 초대된 비신자들을 대할 때 귀빈처럼 대접한다. 모든 먹거리는 원가수준의 싼 값으로 판매되고 양도 푸짐하다. 이런 모습에 비신자들은 마음이 열리고 많은 감동을 받고 돌아간다. 비신자의 입에서 갖가지 찬사가 항상 넘치고 좋은 소문을 내는 데 바자회가 큰 공헌을 한다.

④ 초청을 준비하라

초청잔치를 할 때는 두 가지를 기대하면서 준비한다. 첫째, 하나님의 사랑을 전하길 원하는 것이다. 성도의 헌신적인 사랑과 섬김을 경험하면서 간접적으로나마 하나님의 사랑을 알게 되고 이것이 그리스도인의 사랑의 공동체임을 알기를 기대한다.

둘째, 하나님의 은혜를 경험하게 하자는 것이다. 그래서 철저하게 성령님을 의지하며 기도로 준비하고 그 현장에서도 성도들은 처음부터 끝까지 마음속으로 기도하며 섬긴다.

또한 찬양과 초신자들의 간증을 통해 하나님의 살아계심을 깨닫게 해주며, 그 하나님께서 우리를 어떻게 축복하시고 보호하시고 변화시키셨는지 보여줌으로써 하나님의 은혜가 불신자에게 스며들도록 기대하는 마음으로 목장 초청 잔치를 실행한다.

⑤ 구역 초청 잔치를 하라

a. 장식

비신자들의 마음을 열고 감동을 주기 위한 초청잔치가 열리는 장소(주로 아파트의 거실)를 장식한다. 출입문과 벽에 "환영합니다. 사랑합니다" 등의 문구와 여러 모양의 장식을 하고 꽃꽂이와 화분 등을 교회나 다른 가정에서 빌려오기도 한다.

b. 식사

식사메뉴는 전 목장이 거의 동일하게 준비하고 목장들끼리 서로 협력하여 준비를 한다. 식사를 준비할 때에 내용이나 양보다는 감동을 주는 데 초점을 두어 풍성하기보단 간단하지만 정성을 다해 차린 음식을 보고 감동을 받게 한다. 고기나 탕류는 피하고 주로 김밥, 샌드위치, 초밥, 떡, 쥬스, 과일 등으로 준비하되 모양을 낸다.

c. 게임

쉽고 간단하면서도 그 자리에 앉거나 서서 할 수 있는 것들로 서너가지 준비한다. 그리고 비싸지 않은 생활필수품이나 신앙 용품들을 선물로 준비해 두었다가 미리 보여주고 시작한다. 처음에는 어색해마지못해 하던 사람들이 한두 번 하다 보면 열심히 참여하고 상까지 타면 분위기가 아주 좋아진다.

d. 찬양(또는 노래)

주로 찬양이지만 거부감을 줄이기 위해 가정에 관한 건전가요를 불러도 좋다. '당신은 사랑받기 위해 태어난 사람', '축복송', '우리에게 향하신', '좋으신 하나님' 등을 10여분 부른다. 복사된 찬양곡이 있으면 참석한 비신자들도 모두 자연스럽게 따라하게 하고 분위기도 자연스럽게 모두에게 감동이 스며들게 한다.

e. 간증

비신자들에게 공감을 주기 위해서 교회 온 지 얼마 안 되는 집사들을 선정한다. 무엇보다 은혜가 충만하고 하나님과의 첫사랑으로 뜨거운 마음을 가진 사람이어야 한다.
간증자로 선정되면 적어도 1주일에 한끼씩은 금식을 하며 기도할 것을 요청한다. 간증자는 반드시 간증을 기록해야 한다. 5~10분 이내에 마칠 수 있도록 직접 쓴 간증문은 사전에 목사에게 제출해서 검증을 받아야 한다.

간증문 작성 요령(BEST)
- Before : 믿기 전의 삶
- Event : 믿게 된 계기
- Salvation : 구원받은 경험
- Time : 믿고 난 후의 삶

간증이 끝나면 모든 순서가 끝나고 복음을 전하는 시간은 이 시간뿐이므로 간증자들은 이 시간에 그들의 마음을 녹이고 깨뜨려야 한다는 마음으로 간증을 한다.

TIP | 간증의 유익

1. 자신 속에 있는 하나님의 은혜를 재발견하게 한다.
2. 다른 사람이 들었을 때 감동과 도전을 받게 된다.
3. 한 사람의 간증이 여러 사람을 하나님께로 가까이 가게 한다.
4. 하나님을 기쁘시게하고 하나님께 영광을 돌리게 한다.

f. 구역장의 축복기도

한 사람씩 이름을 불러가며 하나님께 그들의 가정과 식구들과 하는 일 위에 복을 주시고 지켜 주시기를 간절히 축복하며 기도한다. 그리고 준비된 선물을 하나씩 드리고 바로 배웅한다. 그리고 하루나 이틀 후 그들을 다시 한 번 찾아간다. 그러면 감사와 감동의 말들과 더불어 신앙생활의 결심을 드러내게 된다.

이렇게 하여 전도의 결실을 맺도록 한다. 제자들교회는 이런 전도 소그룹의 활동으로 1년에 배가가 되는 경험을 가진 교회가 되었다.

TIP | 구역전도에서 초청까지 7단계 전략

1. 기도하라.
2. 경청하라.
3. 주도권을 잡고 사귀라.
4. 공통되는 분야에서 관계를 형성하라.
5. 전도자의 활동에 상대를 포함하라.
6. 식사에 초청하라.
7. 상대를 이해하라.

3) 구역은 선교사와 동역하라.

구역이 보다 더 생동감 있는 운영의 차원으로 업그레이드 되려면 선교사를 위해 기도와 물질로 후원사역을 감당해야 한다. 특별히 구역모임 때마다 선교정보를 서로 나누고 기도해야 한다. 기회가 된다면 선교사가 입국했을 때 초청하여 직접 만남을 가져 현장감 있는 설명과 기도요청을 받을 수 있다. 일시적이라도 구역원 가운데 가정을 제공하여 숙박을 제공함으로써 보다 자세한 선교 상황을 나눌 수 있다.

또한 요즘은 해외여행이 보편화된 실정이므로 때에 따라서는 구역 구성원이 단기간 선교지를 방문하는 것도 좋다. 이를 위해서는 몇 개의 구역이 연합할 수도 있고 오랜 시간 철저히 준비가 필요하다. 한편, 물질적 후원 역시 필수다. 물질 후원이 운영되려면 교회적 배려가 있어야 한다.

예를 들면, 구역헌금은 보고와 동시 자체적으로 사용할 수 있게 한다든지 아니면 교회 앞에 드려진 개인 선교헌금을 다시금 구역으로 환원하여 집행되는 구조를 갖는 것이다. 실제 은평구에 위치한 영산교회는 구역 단위로 선교사를 지정하여 기도 및 물질로 후원하고 있다. 60여 개 구역에서 60여 명의 선교사를 돕고 있는 셈이다.

10. 구역전도는 중보기도부터 시작하라.

| 말씀읽기 |

나는 너희를 위하여 기도하기를 쉬는 죄를 여호와 앞에 결단코 범하지 아니하고 선하고 의로운 길을 너희에게 가르칠 것인즉(삼상 12:23)

“기도는 하늘과 땅을 연결하여 이 땅의 빈곤을 하늘의 풍요함으로 채우는 사역이다.”

구역모임에는 반드시 전도를 해야 하고 양육을 해야 함을 제시했다. 전도는 어떤 방법으로 하든지 먼저 그가 하나님 앞에서 체험하고 경험해야 한다. 우리는 모든 일을 시작하기 전에 하나님께 먼저 기도로 시작해야 한다. 예수님이 천국복음을 전하기 전에 광야에서 주야 40일을 금식기도하신 것은 다 아는 바다. 그리고 마귀의 유혹을 이겼다(마 4:12~15). 그리고 한적한 곳으로 가서 거기서 기도하셨다(막 1:41).

40일 기도 후부터 비로소 예수님은 천국 복음을 전파하셨다. 기도에는 반드시 중보기도가 있어야 한다. 중보기도는 나 외에 다른 사람을 살리는 힘을 가진다. 한 사람의 대상자를 찾아 전도하려고 하는 구역원이 있다면 사탄이 가만히 놔두지 않을 것이다. 그런데 우리는 대상자를 위해 그렇게 간절히 기도하는 예가 드물다. 중보기도는 하나님의 뜻을 이루는 데 필연적이다.

하나님께서 스스로 그 뜻을 못 이루시는 것이 아니라, 그분은 하나님의 자녀들을 통하여 자신의 뜻을 이루신다는 의미이다. 그러므로 중보기도를 하는 자는 하나님의 계획과 목적을 이루는 데 있어서 중요한 역할을 담당하고 있는 것이다. 바울은 자신을 중보기도자라고 말하면서 로마교회의 성도들에게 "항상 내 기도에 쉬지 않고 너희를 말한다"(롬 1:9)고 했다.

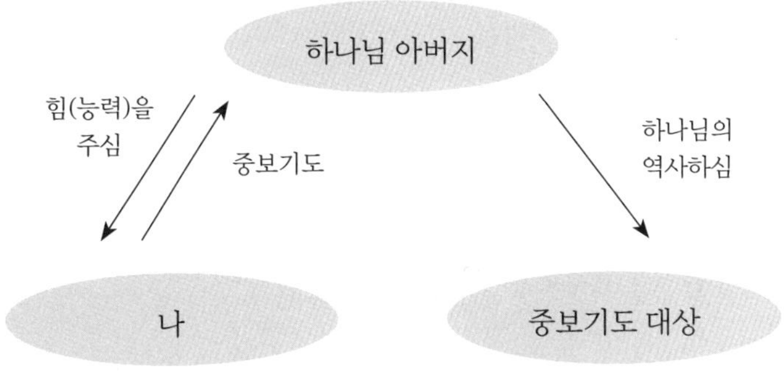

믿음으로 더욱 사랑하게 됨

1) 만날 만한 사람을 만나 복음을 전할 수 있도록 기도할 것이다.

2) 하나님께서 약속하신 대로 그 심령을 먼저 감동케 하여 주시도록 기도할 일이다(사 45:2).

3) 적합한 하나님의 말씀을 주시고 그 말씀에 능력이 임하도록 기도한다.

4) 내가 실수를 할지라도 복음전도가 승리할 수 있기를 기도한다.

5) 뿌린 씨앗이 싹이 나고 수고가 헛되지 않도록 기도한다.

6) 모든 결과가 하나님의 뜻대로 되도록 기도해야 한다.

TIP | 복음 전도자가 해야할 열가지 기도

1. 전도의 지혜를 구하는 기도(막 10:16, 약 1:5)

2. 전도의 말씀을 구하는 기도(마 10:19~20)

3. 전도의 문을 열어 달라는 기도(골 4:3~4)

4. 전도자가 성령의 인도를 받기 위한 기도(행 13:30)

5. 추수할 일꾼을 보내달라는 기도(마 9:36~38, 눅 10:2)

6. 복음을 들을 사람들을 위한 기도(행 16:13~14)

7. 전도대상자의 가정의 평안을 위한 기도(눅 10:5)

8. 담대히 전할 수 있도록 능력을 구하는 기도(행 4:29~31)

9. 전도의 결실을 위한 기도(롬 15:30~31, 살후 3:1)

10. 전도자가 어려움에 처하지 않기 위한 기도(행 16:25)

| 핵심포인트 |

전도는 그 자체에 근거를 두지 못하고 예수 그리스도의 복음에 근거를 둔다. 구역은 전도의 센터가 될 수 있다. 비신자들과 계속 접촉하지 아니할 수 없는 구역은 교회와 세상과의 만남의 장소가 되므로 하나님의 사랑의 실천을 할 수 있고 복음을 전파하기에 적합한 곳이라 할 수 있다.

좋은열매 | Good Fruit

1. 오늘 나에게 은혜와 도전이 되는 말씀과 구체적인 실천사항을 나누어 보자.

은혜와 도전이 되는 말씀	구체적인 실천사항

2. 나의 전도대상자를 기록하자 (관계가 좋고 기독교에 대해서 호의적인 사람부터).

1)　　　　　　　　2)　　　　　　　　3)

3. 나의 전도대상자를 어떻게 전도할 건지 구체적으로 나누어 보자.

4. 다함께 합심기도로 마무리하자.

1) 나에게 전도할 수 있는 능력과 방법을 허락하여 주시옵소서.

2) 전도대상자의 마음을 열어 주셔서 주님을 영접하게 하옵소서.

3) 우리 구역이 전도하여 배가 성장되는 역사가 있게 하옵소서.

06 구역장리더십, 사람을 바로 세우라

"지도자란 하나님의 능력을 받아 영향을 끼치는 하나님의 사명을 가지고 일단의 하나님의 백성의 그룹을 하나님의 뜻대로 나아가게 하는 자이다."

- 로버트 클링턴(미국 풀러 신학교의 지도자학 교수) -

| 말씀읽기 |

사람이 나를 섬기려면 나를 따르라 나 있는 곳에 나를 섬기는 자도 거기 있으리니 사람이 나를 섬기면 내 아버지께서 그를 귀히 여기시리라(요 12:26)

좋은씨앗 | Good Seed

'넬슨 만델라' 대통령의 이야기

1918년 아프리카의 한 작은 마을에서 소몰이를 하며 사는 가난한 가정에 한 사내아이가 태어났습니다. 가족들은 그 어린아이도 자신들처럼 소몰이를 하며 살아가길 바랐습니다. 하지만 그가 열두 살 되던 해에 아버지가 죽자, 마을 족장이 그의 후견인이 되었습니다. 그 족장은 당시 템부족 최고의 추장이었습니다. 사내아이는 그 족장의 영향을 받으면서 처음으로 리더십에 눈을 뜨게 되었습니다. 그 족장은 며칠씩 걸리는 부족 회의를 자주 주재했는데, 그때마다 항상 모든 사람의 합의를 이끌어냈습니다. 서로 존중하는 회의 분위기는 원만한 의사소통을 이끌어 내며, 역할 위임을 통한 회의진행으로 참석자 모두 만족하는 모습이었습니다. 이러한 후견인의 리더십은 사내아이의 마음에 큰 감동을 주었으며, 훗날 그가 아프리카의 탁월한 리더가 되는데 크게 기여했습니다. 그 아이가 바로 남아프리카 공화국 최초의 흑인 대통령인 '넬슨 만델라' 입니다.

1) 위의 글을 읽고 느낀 점과 생각을 나누어 보자.

2) 당신이 생각하는 리더의 자질은 무엇이라 생각하는지 서로 나누어 보자.

좋은나무 | Good Tree

1. 리더십이 왜 중요한가?

| 말씀읽기 |

이 땅을 위하여 성을 쌓으며 성 무너진 데를 막아 서서 나로 하여금 멸하지 못하게 할 사람을 내가 그 가운데에서 찾다가 찾지 못하였으므로(겔 22:30)

1) 하나님께서 지도자를 찾기 때문이다.

지도자는 하나님과 사람 사이를 연결해 주고 책임져 주는 사명이 있다. 지도자가 있으면 하나님의 은혜를 사람에게 전달하고, 사람의 문제를 하나님께 호소할 수 있다. 지도자는 '파멸을 막는 자'이다. 사탄의 공격을 막아주고, 하나님께서 말씀하시는 것을 대언해주는 능력이 있다.

2) 사람들이 지도자를 갈망하기 때문이다.

리더십의 중요한 두 번째 이유는 사람들이 지도자를 찾기 때문이다. 모든 사람들이 다 지도자가 되기를 원하는 것이 아니다. 많은 사람들이 지도자가 되기보다는 지도자를 따라가기 원한다. 수많은 추종자들은 참된 지도자가 나타나기를 갈망한다. 좋은 지도자를 만나는 것은 일종의 축복이다.

가정(부모) / 학교(선생님) / 친구(또래 리더) / 교회(목사) / 나라(대통령) 등

3) 시대적인 위기가 지도자를 찾기 때문이다.

기업이 무너지려고 할 때, 교회가 위기를 당할 때, 국가가 뿌리채 흔들릴 때 사람들이 가장 갈망하는 것이 그러한 위기를 극복할 지도자이다. 가장 큰 문제는 문제 자체가 아니라 그 문제를 해결할 수 없다는 현실이다. 그래서 철학자 '칼 야스퍼스'는 사회의 문제는 곧 리더십 부재의 문제라고 했고, 리더십의 공황이 가장 큰 사회적 위기라고 진단했다.

4) 조직의 성장이 리더십에 달려 있기 때문이다.

어떤 종류의 조직이든지 그 조직의 성장에 리더십이 필수적이기 때문

이다. 조직의 성장에 가장 결정적으로 영향을 미치는 존재가 바로 지도자이다. 지도자란 '현상유지 정신'이 아니라 '성장형 정신'을 가진 자이다. "여기가 좋사오니"라는 안전지대 콤플렉스를 거부하고 새로운 세계를 향하여 과감하게 도전하는 리더십이 있을 때 그 조직이 성장할 수 있는 것이다.

5) 미래 창조의 원동력이 리더십이기 때문이다.

리더십이 현실의 극복뿐만 아니라 미래의 새로운 창조를 위해서 필수적이기 때문이다. 지도자는 과거와 현재가 아닌 미래를 위한 존재이다. 과거는 전통이 다스리고, 현재는 관리가 다스리지만, 미래는 리더십이 다스린다. 그런 점에서 리더십이 없으면 미래가 없다고 할 수 있다. 야망은 실패하지만 비전은 반드시 이루어진다. 왜냐하면 비전의 주체는 항상 사람이 아니라 하나님이시기 때문이다.

6) 인간의 목적을 실현하는 통로가 리더십이기 때문이다.

리더십은 단지 생존하는 것을 목표로 하지 않는다. 진정한 리더십의 목표는 부흥이다. 생존(Survival)이 아닌 부흥(Revival), 현상유지가 아니라 발전이 리더십의 목적이 될 때 리더십의 가치는 제대로 평가를 받을 수 있는 것이다.

7) 자기개발을 위한 비결이 리더십이기 때문이다.

최근 들어 리더십의 개념이 획기적으로 바뀌고 있다. 즉, 다른 사람들을 다스리는 공적 리더십, 혹은 사회적 리더십보다는 먼저 자신을 다스리는 사적 리더십, 혹은 개인적 리더십, 셀프 리더십이 더 중요하다는 주장이 일반화되고 있다.

즉, 지도자는 자신이 책임 맡고 있는 조직을 개발하기 전에 먼저 자신을 개발할 수 있어야 한다. 조직의 성장은 지도자의 성장에 비례한다.

2. 리더십의 정의란 무엇인가?

1) 일반 리더십의 정의란 무엇인가?

리더십에 대한 정의는 무수히 많다. 현재까지 리더십에 대해 정의내린 것을 다 모으면 5천개가 넘는다고 한다. "리더십은 옳은 일을 하는 것이다", "리더십은 사람을 얻는 것이다", "리더십은 문제를 해결하는 것이다." 등 다양한 정의가 있다.

지도자를 가리키는 영어 단어 '리더'(Leader)는 라틴어 '리단'(Lithan)에서 유래했다. 리더는 "함께 간다"는 뜻을 가지고 있다. 그러므로 리더십이란 '사람들로 하여금 목표를 향해 함께 가도록 격려하는 것'이라고 할 수 있다.

<리더십에 대한 다양한 정의>

① 어떤 조직의 상황 아래 목표 설정이나 목표 달성을 위해 집단 과정에 영향력을 행사하는 것이다. - 스토그딜 -

② 조직의 바람직한 목표를 달성하기 위하여 조직 내의 개인과 집단을 고무하고 능동적인 활동을 촉진하며 조정하는 기술 및 영향력이다.
- 일반 행정학 -

③ 지도력이란 구성원들을 인도하고 발달시키고, 끊임없이 그들을 훈련시키고 방향을 제시해 주는 것이다. - 테드 엥스트롬 -

④ 어떤 목표를 달성함에 있어서 커뮤니케이션 과정을 통해 개인들에게 영향력을 행사하는 것이다. - 플레이시멘 -

⑤ 리더의 영향력을 통하여 집단에 영향을 주어 상황에 크게 변화를 가져오는 활동이다. - 알포트 -

⑥ 조직에 자본이 부족하면 빌릴 수 있고, 위치가 나쁘면 옮길 수 있지만, 리더십이 부족하면 생존 가능성 자체가 희박하다.
- 베니스와 나누스 -

제임스 맥그리거 번즈 박사는 리더십을 "상호 교환적 관계"의 리더십과 "상호 변화적 관계"의 리더십으로 구분했다. 왜 종업원이 사장을 따르는가? 라는 질문에 상호 교환적 관계의 리더십은 사장을 존경하지는 않지만 사장이 월급을 주기 때문에 따른다고 답한다. 반면 상호 변화적 관계의 리더십은 서로에게 만족 주는 관계로, 비록 월급이 적고 근무 환경이 나빠도 리더를 따르는 데서 비전과 자기성숙과 성취감을 얻는다.

· 모든 사람은 누군가에게 영향을 준다.
· 우리는 자신이 누군가에게 얼마나 큰 영향을 미치고 있는지 모른다.
· 미래를 위한 최선의 투자는 오늘 끼치는 적절한 영향력이다.
· 영향력이란 개발 될 수 있는 기술이다.

지도자(Leader)	경영자(Manager)
사람중심	일중심
인도	관리, 성취
효과(옳은 일)	효율(옳게)
미래	현재
비전	실행
동기부여(과정)	결과
섬김	지배

보스	리더
직원을 부린다.	그들을 지도한다.
권위에 의존한다	공의에 의존한다.
두려움을 일으킨다.	열정을 일으킨다.
"내가"라고 말한다.	"우리"라고 말한다.
실패의 책임을 묻는다.	실패를 고쳐준다.
일이 성취될 수 있는 방법을 안다.	그 방법을 제시한다.
"너는 가라"고 말한다.	"함께 갑시다"라고 말한다.

이 모든 것을 종합해 볼 때 일반적인 리더십이란 "어느 특정한 상황에서 지도자와 추종자가 서로 영향을 미치는 역동적인 관계"라고 정의할 수 있는 것이다. 따라서 리더십의 기본 요소는 첫째, 지도자와, 둘째, 추종자와, 셋째, 상황이라는 세 가지 요소로 뼈대를 이루는 것이다.

<리더의 지도력에 대한 5가지(워렌 슈미트의 견해)>

첫째, 지시형

리더가 대부분의 권위를 가지고 그룹에서는 자유를 주지 않는 유형이다. 이것은 권위주의적 자세이며, 리더는 그룹에 가장 좋은 것이 무엇인지를 알고 그것이 어떻게 되어가고 있는지를 지시해야 한다고 생각하는 유형이다.

둘째, 설득형

이 유형의 리더는 모두에게 가장 좋은 것이 무엇인지를 자신이 결정하는 유형이다. 지시형과 다른 점은 자신의 결정이 그룹 구성원들에게 가장 필요하다고 할 수 있는 결정이었음을 설득하는 데 있다. 단, 리더는 회원들에게 그의 결정에 가부를 표시할 수 있는 자유를 줄 뿐이다.

셋째, 협의형

이 유형에서는 리더가 그룹에게 더 많은 자유를 준다. 리더는 시작에서부터 회원들과 협의하며, 문제를 제시하고 회원들에게 해결책을 요구하기도 하고 혹은 시험적인 해결책을 제시하여 그 평가에 회원들의 도움을 구하기도 한다. 이때 리더는 그룹과 협의한 후에 회원들의 지혜를 기초로 하여 마지막으로 결정을 내린다.

넷째, 협력형

이 유형에서는 리더가 그룹 멤버들과 문제를 함께 처리할 때 그룹의 결정에 동의한다. 리더는 그 그룹의 한 구성원으로 참여하여 결정에도 관여하지만, 그룹이 해결하는 일에 최후의 지혜를 쓰거나 결정에 영향력을 행사하려고 하지는 않는다.

다섯째, 위임형

여기에 해당된 리더는 '지시형'과 정반대가 된다. 이 단계에서 리더는 그룹의 문제를 자기없이도 그룹 구성원들이 스스로 해결하도록 요구한다. 이 유형에서 리더는 그룹 구성원들에게 문제를 완전히 위임해 버리고 결정에 더 이상 영향을 끼치지 않는다. 이런 유형에서는 그룹의 자유가 거의 완전히 보장되며, 리더의 권위는 거의 사라지는 점까지 감수해야 한다.

2) 기독교 리더십의 정의란 무엇인가?

목회 리더십은 신적인 기원을 가지고 있기에 일반적인 리더십과 구조적인 유사성을 가지면서 본질상 구별된다. 즉, 일반적인 리더십은 지도자, 추종자, 상황적 변수를 필요로 하지만, 목회 리더십은 지도자와 추종자 그리고 모든 상황의 절대 주권자는 하나님이시기에 본질적으로 다르다.

따라서 목회 리더십은 먼저 하나님을 바라보고 자신과 하나님과의 관계를 충성과 사랑의 절대관계로 만들어야 한다. 뿐만 아니라 자기를 따르는 사람들을 섬김과 사랑으로 인도하여 그들도 하나님의 절대주권과 섭리 안에 순종하며 살도록 강력한 영향력을 끼쳐야 한다.

리더와 따르는 사람이 하나님과의 관계가 잘 형성되어 있으면 상황은 그리 큰 문제가 되지 않는다. 어떤 상황도 하나님보다 작고, 어떤 상황도 하나님의 섭리와 사랑을 거역할 수 없기 때문이다. 그래서 목회 리더십은 하나님이 주도하시는 리더십이라 할 수 있다.

"교회의 목표를 달성하기 위하여 교회에 있는 사람들에게 인내와 방향을 제시하며, 영향력을 행사하는 사람이다." - 리챠드 패터슨 -

① 목회 리더십의 동기는 **'사랑'**이다.

| 말씀읽기 |

새 계명을 너희에게 주노니 서로 사랑하라 내가 너희를 사랑한 것 같이 너희도 서로 사랑하라 너희가 서로 사랑하면 이로써 모든 사람이 너희가 내 제자인 줄 알리라(요 13:34~35)

사랑은 목회 리더십의 가장 기초가 되는 것이다. 하나님의 일을 성령의 능력으로 사람들 속에 나타내는 것으로, 이것은 잃어버린 자를 찾아 구원하는 것이다. 잃어버린 하나님의 형상을 주님을 영접하여 하나님의 자녀의 권세를 받음을 통하여 회복하는 것이다. 예수님은 우리에게 "새 계명을 너희에게 주노니 서로 사랑하라 내가 너희를 사랑한 것 같이 너희도 서로 사랑하라 너희가 서로 사랑하면 이로써 모든 사람이 너희가 내 제자인 줄 알리라"(요 13:34~35)라고 말씀하셨다.

② 목회 리더십의 방법은 '섬김'에서 나타난다.

| 말씀읽기 |

인자의 온 것은 섬김을 받으려 함이 아니라 도리어 섬기려 하고 자기 목숨을 많은 사람의 대속물로 주려 함이니라(막 10:45)

목회 리더십은 사랑을 동기로 한다. 그 사랑이 표현되는 방법은 '섬김'이다. 예수님은 섬기러 오셨다. "인자의 온 것은 섬김을 받으려 함이 아니라 도리어 섬기려 하고 자기 목숨을 많은 사람의 대속물로 주려 함이니라"(막 10:45)라고 선언하셨다.

"예수님의 공생애의 삶 전체가 섬김의 연속이었다. 그러므로 그리스도의 제자로서 천한 자리에 내려가 섬김의 일을 하지 않는 지도자란 결코 상상도 할 수 없는 일이다."

목회 리더십은 하나님과 사람, 그리고 그 둘 사이에 있는 하나님의 거룩한 목적을 성취하는 것이므로 지배적으로 군림하는 자세나 자기 유익을 취하려는 욕망의 모습으로는 절대로 하나가 될 수 없다. "받은 사랑과 친히 본을 보여주신 주님처럼 나를 낮추어 겸손히 섬기면 하나님께서 은혜를 주시고 높이신다."(약 4:10)섬기는 목회 리더십을 통해서만 하나님의 나라와 교회는 평안히 그리고 든든히 서게 된다. 주님은 목회 리더에게 이와 같이 행하기를 요구하시는 것이다.

③ 목회 리더십의 최종 목표는 '구원'이다.

| 말씀읽기 |

예수께서 신 포도주를 받으신 후에 이르시되 다 이루었다 하시고 머리를 숙이니 영혼이 떠나가시니라(요 19:30)

'구원'은 예수 그리스도의 최후 목표였다. 예수님의 생애의 목표는 사람을 죄로부터 해방시키는 것이었다. 예수님의 가르침, 훈련, 봉사, 사역 이 모든 것은 구원을 이루기 위한 행위였다. 인간이 자기를 지배하는 죄의 속박으로부터 벗어나 자유롭게 되는 것은 오직 그리스도의 구원을 통해서만 가능하다. 예수님은 십자가의 속죄의 대속을 통해서 이 목표를 완수하셨다.

이에 십자가 선상에서 다 이루었다(요 19:30)고 선언하신 것이다. 이 외침은 이 땅에 오신 목적을 이루신 최후 승리의 외침이다. 메론 러시는 구속받은 사람은 그리스도에 의해서 자유롭게 되어 그리스도가 섬긴 것처럼 가르치며, 훈련시키며, 말과 행동으로 섬기어야 한다고 주장한다. 구속적인 리더십 이념이야말로 기독교적 리더십의 진수이며, 그 표상이기 때문이다.

이처럼 우리가 추구해야 하는 궁극적인 목회 리더십은 '세상적인 것'이 아니라 '영적인 것'에 목표를 둔 것이어야 한다. 목회 리더십은 예수 그리스도에게서 기인한다. 또한 예수님의 리더십이야말로 회복해야 할 리더십이다.

3. 성경적인 리더십의 모델은 무엇인가?

성경적인 지도력이란 하나님으로부터 부름을 받은 자가 하나님께로부터 힘과 능력을 공급받아 하나님의 뜻과 목적을 이루기 위하여 행사하는 영향력이다.

또한 성경에서 말하는 리더십의 기본적인 모델은 종과 목자와 청지기적인 삶으로 나타난다. 이 세 가지 모델을 완벽하게 조화롭게 하신 분이 예수 그리스도이시다.

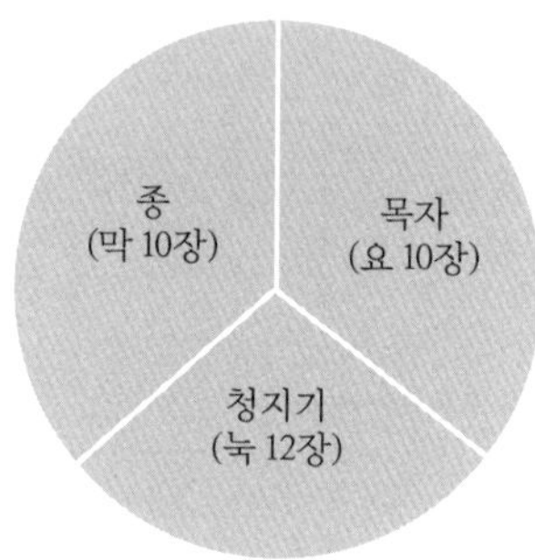

1) 종의 리더십(Servant Leadership)

| 말씀읽기 |

인자가 온 것은 섬김을 받으려 함이 아니라 도리어 섬기려 하고 자기 목숨을 많은 사람의 대속물로 주려 함이니라(막 10:45)

성경은 '지도자'라는 말보다는 그에 해당되는 낱말인 하나님의 '종'으로 표현한다. 하나님께서 '종'이라고 부르실 때 그 의미는 언제나 특별한 의미를 갖는다. 성경에는 "섬기다" 혹은 "종"이라는 단어가 1,452회 정도 나타나는데, 이것은 섬김을 실천하기 위해서 스스로 종이 되신 예수님의 삶에서 비롯된 것이다.

섬기는 종으로서 예수님의 위대함은 예수님이 가지신 지위나 권세에 있는 것이 아니라 예수님의 신실하신 사랑의 섬김 그 자체에 있는 것이다. 종 된 지도자는 자기 위에 절대적인 권리를 가지신 분 곧 하나님의 주권에 조건 없이 순종하는 자이다. 자기 마음이 아닌 하나님의 마음, 자기 뜻이 아닌 하나님의 뜻대로 움직이는 자가 참된 섬김의 종이 될 수 있다.

2) 목자의 리더십(Shepherd Leadership)

| 말씀읽기 |

나는 선한 목자라 나는 내 양을 알고 양도 나를 아는 것이 아버지께서 나를 아시고 내가 아버지를 아는 것 같으니 나는 양을 위하여 목숨을 버리노라(요 10:14~15)

성경적 리더십의 두 번째 모델은 목자의 리더십이다. 주님께서는 구약(시 23편)과 신약(요 10장)에서 목자로 나타난다. 다윗왕은 노래할 때에 "여호와는 나의 목자시니 내가 부족함이 없으리로다"(시 23:1)라고 했다. 예수 그리스도가 선한 목자가 되신다는 것(요 10:11~15)은 구약의 예언이 성취된 것이다(시 78:72, 겔 34:23). 목자형 지도자는 자신의 목적을 달성하는 것이 목표가 아니라 그가 돌보는 공동체의 유익을 먼저 생각하는 것이 목표가 되어야 한다. 필요하다면 양들을 위해서 목자가 희생되어야 한다.

이러한 희생적 구속의 자세에 대해 엘리스톤 교수는 말하기를 “목자는 최선을 다해 하나님의 양떼를 양육하는 자이다. 목자의 양육은 여러 가지 기능을 포함한다. 양들을 먹이고(교육), 키우고(격려, 책망, 교정, 위로), 보고하고, 모으고(그룹의 연대감 유지), 인도하고, 부르고 , 이름을 외우고, 본을 보이고 희망으로 지도하는 일 등을 한다.

3) 청지기 리더십(Steward Leadership)

성경적 리더십의 세 번째 모델은 청지기의 모습이다. 청지기에 해당되는 단어는 ‘주택관리인’(House-manager)”이다(눅 12:42). 취위 히한은 그의 저서 “The Making of Leader”에서 청지기를 네 가지 개념으로 소개하고 있는데 위임자, 보호자, 전달자, 관리자가 그것이다.

청지기는 그 직임을 중심으로 볼 때, 집안을 관리하는 봉사자로서 그 자신의 재산은 없지만 자기 주인의 재산을 그 주인의 뜻과 지시에 따라 분배하는 일을 담당하는 자이다. 이 말은 하나님의 은사가 개인의 소유물로서 우리의 즐거움을 위해서 주어진 것이 아니라 하나님의 백성들의 공동체인 교회의 유익을 위해서 하나님이 각 개인에게 맡기셨다는 것을 강조하는 것이다. 그러므로 청지기의 리더십은 모든 그리스도인들이 선한 청지기가 되어 하나님의 뜻을 따라 하나님의 은혜를 나누어 교회의 덕을 세우고 유익을 끼치도록 하는 데 그 역할이 있다고 할 수 있다.

| 말씀읽기 |

주께서 이르시되 지혜 있고 진실한 청지기가 되어 주인에게 그 집 종들을 맡아 때를 따라 양식을 나누어 줄 자가 누구냐 주인이 이를 때에 그 종이 그렇게 하는 것을 보면 그 종은 복이 있으리로다 내가 참으로 너희에게 이르노니 주인이 그 모든 소유를 그에게 맡기리라 만일 그 종이 마음에 생각하기를 주인이 더디 오리라 하여 남녀 종들을 때리며 먹고 마시고 취하게 되면 생각하지 않은 날 알지 못하는 시각에 그 종의 주인이 이르러 엄히 때리고 신실하지 아니한 자의 받는 벌에 처하리니 주인의 뜻을 알고도 준비하지 아니하고 그 뜻대로 행하지 아니한 종은 많이 맞을 것이요 알지 못하고 맞을 일을 행한 종은 적게 맞으리라 무릇 많이 받은 자에게는 많이 요구할 것이요 많이 맡은 자에게는 많이 달라 할 것이니라(눅 12:42~48)

① 청지기는 위임을 받은 자이다(42절).

주인 되시는 하나님으로부터 어떤 특별한 사명을 위임 받은 자가 청지기이다. 위탁을 받은 자는 책임과 의무가 뒤따르게 되어 있다. 신약성경 고린도전서 4장 1절과 2절에는 신약시대의 사도들을 중심으로 한 그리스도인들은 영적인 의미에서 하나님의 비밀을 맡은 청지기라고 정의한다. 여기서 하나님의 비밀은 그리스도로 말미암아 선포된 복음을 말한다. 그러므로 그리스도인들은 땅 끝까지 복음을 전해야 할 책임을 부여받은 것이다.

② 청지기는 주인의 소유물을 지키고 보호하는 수호자이다(44절).

복음의 진리와 사도적인 신앙을 지키고 그 순수성을 보호하는 자이다. 지도자는 하나님을 대적하는 세력들이 복음의 순수성을 혼탁하게 하는 일이 없도록 해야 하며, 진리를 선포하고 오류를 바로잡아 그리스도인들의 신앙을 바로 서게 해야 한다.

③ 청지기는 사도들로부터 전수되어 온 복음을 수호할 뿐만 아니라 올바로 전달할 의무가 있다(47절).

청지기는 오늘의 세대만을 바라보는 것이 아니라 다음 세대를 위하여 진리를 전달하고 교회를 세우는 사명을 실천하는 자가 되어야 한다.

④ 청지기는 경영자이어야 한다.

청지기는 집안일을 위해 계획을 수립하고 시행해 나가야 한다. 또한 청지기는 열매 맺는 삶의 원리를 따라 살아야 한다. 필요할 때 과감하게 가지치기도 할 줄 알아야 하고(요 15:2), 얽매인 것을 벗어버리고 앞에 있는 경주를 할 줄도 알아야 한다(히 12:1).

청지기는 신약시대의 사도들이나 오늘날의 교회 지도자들만이 아니다. 모든 그리스도인들이 청지기이다. 모든 그리스도인들은 하나님께로부터 구원을 받았을 뿐만 아니라 분명한 사명을 부여받았기 때문이다. 21세기의 지도자는 바로 이러한 공동체적인 감각을 겸비한 청지기의 리더십을 가져야 한다. 즉, 효과적인 열매를 맺는 지도자가 되도록 하나님의 위임에 충성하며 지혜롭게 대처해 나아가야 할 것이다.

샌더스의 일반 리더십과 영적 리더십 특성 비교

일반 리더십	영적 리더십
자기확신	그리스도 안에서의 확신
사람들을 알고 있다	하나님을 잘 알고 있다.
자기 스스로가 결정한다.	하나님의 뜻을 알려고 애쓴다.
야심적이다.	자기를 내세우지 않는다.
자기 스스로가 방법을 창안한다.	하나님의 방법을 구하고 따른다.

TIP | 네 부류의 사람

1. 일하는 방법을 아는 것은 노동자의 일이다.

2. 다른 사람에게 일하는 방법을 보여 주는 것은 교사의 일이다.

3. 사람들이 일을 하도록 점검하는 일은 경영자의 일이다.

4. 리더의 자화상(LEADER)

| 말씀읽기 |

그러나 너는 배우고 확신한 일에 거하라(딤후 3:14)

"대다수의 사람들은 특별한 사람에게도 보통 사람의 일을 하게 하지만, 훌륭한 지도자는 보통 사람으로 하여금 특별한 일을 하게 한다."

1) Learner - 리더는 끊임없이 배워야 하는 학습자이다.

지도자는 끊임없이 배우는 자이다. 지도자야말로 평생 배우는 자가 되어야 한다. 그래서 "지도자는 읽는 자"(Leader is reader)라는 말도 있다.

2) Equipper - 리더는 사람을 키우는 구비자이다.

지도자는 단지 가르치는 것이 아니다. 사람을 키우는 것이다. 구비자란 마치 운동선수를 훈련하는 코치나 감독과 같은 역할을 하는 자이다.

3) Administrator - 리더는 조직을 효과적으로 다스리는 행정가이다.

노동자형 지도자는 교회를 성장시킬 수 없다. 지도자는 자신이 책임을 맡은 조직이나 단체를 효과적으로 다스리는 자이다. 주부가 가정에서 행하는 가사도 가정경영이라고 하고, 대통령이 나라를 다스리는 것도 국가경영이라고 한다. 지도자는 경영할 줄 아는 자이다.

4) Doer – 리더는 솔선수범하는 행동가이다.

지도자는 말도 잘 해야 하지만 말한 대로 행동할 줄 아는 자이다. 즉, 솔선수범을 해야 하는 것이다. 자신의 생각을 분명하게 말할 줄 알고, 자신의 말을 가감없이 행동으로 옮기는 자가 지도자이다.

5) Encourager – 리더는 사람에게 동기부여하는 격려자이다.

지도한다는 것은 사람을 움직이는 것, 즉 동기부여하는 것이다. 사람을 동기부여시키는 가장 강력한 힘은 그 사람을 인정하고 칭찬하고 격려하는 것이다. 사람은 인정해 주는 자를 위하여 목숨까지도 아낌없이 바친다.

6) Reformer – 리더는 조직을 바람직한 방향으로 이끄는 개혁자이다.

지도자는 어떤 조직이나 다른 사람들을 올바른 방향으로 변화시키는 사람이다. 현실에 안주하지 않고 미래를 위한 창조적 비전과 꿈을 제시하고 이끌어가는 자이다. 항구에 정박해 있는 배는 안전하다. 그러나 배의 목적은 항해에 있다. 주차장에 있는 차량은 도로로 끌어내야 하며, 격납고에 있는 비행기는 활주로로 끌어내야 한다. 지도자는 현실성이 있는 목표를 정하여 사람들을 끌어내야 한다.

5. 리더십의 특성(LEADER)

| 말씀읽기 |

너는 진리의 말씀을 옳게 분별하며 부끄러울 것이 없는 일꾼으로 인정된 자로 자신을 하나님 앞에 드리기를 힘쓰라(딤후 2:15)

1) L : 장기간을 통해 그의 능력이 입증된 사람이다.

(Long-term record of effectiveness)

2) E : 그리스도께 자아를 복종시키는 사람이다.

(Egos surrendered to Christ)

3) A : 편하게 접근할 수 있는 사람이다. (Approachable)

4) D : 배우자와 가족에 대하여 헌신적인 사람이다.

(Devotion to spouse and family)

5) E : 일을 탁월하게 잘 해내는 사람이다. (Excellence in work)

6) R : 그리스도의 성품을 닮은 사람이다.

(Reflection of Christlikeness in character)

7) S : 다른 사람들과 기꺼이 나누는 사람이다. (Sharing with others)

TIP | 참된 지도력요소의 5P

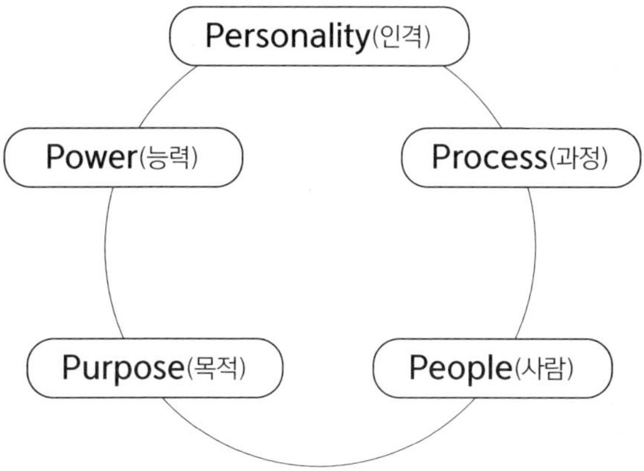

6. 리더가 위임에 실패한 이유

| 말씀읽기 |

예수께서 열두 제자를 불러 모으사 모든 귀신을 제어하며 병을 고치는 능력과 권위를 주시고 하나님의 나라를 전파하며 앓는 자를 고치게 하려고 내보내시며(눅 9:1~2)

리더십은 각 사람이 최선을 다해 일할 수 있도록 책임과 권한을 위임하는 것이다. 그런데 오늘날 대다수 리더는 왜 위임에 실패할까? 존W. 존스는 그 이유를 다음과 같이 분석하고 있다.

1) 자기 중심주의 때문이다.

"내가 모든 면에서 훨씬 더 잘하면 어떡하냐?"라는 자기 중심의 신념이 위임을 막는다.

2) 불안감 때문이다.

"그 사람이 나보다 더 잘하면 어떡하냐?" 하는 불안감이 위임을 보류시키곤 한다.

3) 두려움 때문이다.

"내가 직접 계획을 세워야 일이 실패하지 않아." 실패가 두려워 일을 남에게 못 맡기는 것이다.

4) 과잉통제 때문이다.

"이 일만은 그에게 기회를 줘선 안돼. 내가 꼭 해야 돼"라는 막연한 통제의식이 위임을 방해한다.

5) 완벽주의 때문이다.

"내가 해야만 완벽한 결과가 나오지"라는 성과에 대한 지나친 기대가 위임을 막는다.

6) 효율성에 대한 걱정 때문이다.

"내가 이 일을 직접 하면 빠른데. 다른 사람이 하면 더딜 테니 차라리 내가 해치우는 게 낫지."라는 생각이 일을 남에게 맡기지 못하게 한다.

7) 심리적 위안 추구 때문이다.

“차라리 내가 일을 처리하는 게 마음이 놓이고 편해.” 자신의 마음이 불편해질까 봐 위임은 생각하지도 않는다.

7. 실수를 자산으로 삼는 리더십

| 말씀읽기 |

이에 베드로가 예수의 말씀에 닭 울기 전에 네가 세 번 나를 부인하리라 하심이 생각나서 밖에 나가서 심히 통곡하니라(마 26:75)

싱가포르의 이광요 전 수상은 세계적인 리더이다. 그는 작은 섬나라 싱가포르를 세계에서 가장 경쟁력 있는 나라로 만들었다. 또한 1968년 닉슨 독트린과 1972년 닉슨의 중국 방문에도 결정적인 영향을 미쳤다. 이광요 전 수상은 끊임없이 배우는 사람이었다. 그는 47세 때 안식년 휴가를 하버드 대학 정치대학원에서 보냈다.

그곳에서 그는 한 나라의 총리라는 허울을 벗고 기숙사에서 학생들과 숙식하며 지냈다. 이후에도 그는 세계 유수 대학을 정기적으로 방문하여 자기개발에 전력을 기울였다. 그는 성인이 되어서도 베이징 표준어를 배웠고, 아들에게는 러시아어 공부를 시켰다. 72세가 넘어서 인터넷 공부를 시작하여 이제는 아주 능숙한 웹 사용자가 되었다. 세계를 움직이는 리더인 이광요 수상을 만드는 것은 바로 평생에 걸친 노력이었다.

“리더는 끊임없는 자기개발을 통해 자신의 역량을 키워나가야 합니다.

당신은 자기개발을 위해 어떤 노력을 기울이고 계십니까?"
슈투르가르트 발레단의 수석 발레리나 강수진은 아름다운 동작을 뛰어넘는 풍부한 감정표현으로 관객에게 늘 감동적인 무대를 보여준다. 토슈즈에 감춰진 그녀의 발을 찍은 사진이 화제가 된 적이 있다. "발이 너무 아파 토슈즈 안에 생고기를 넣고 연습을 했다."
한 TV 프로그램에 출연한 그녀는 이렇게 말한 적이 있다. 대부분의 성공한 리더들은 실패를 경험했던 사람들이다. 훌륭한 사람일수록 더 많은 실수를 범한다. 왜냐하면 그런 사람은 새로운 일을 많이 시도하기 때문이다. 실수하지 않고 평범하게 사는 사람은 지도자가 될 수 없다. 그러므로 지도자에게는 실수를 두려워하기보다는 그것을 딛고 일어서는 모습이 필요하다.

1) 실수(MISTAKES)의 참된 의미는 다음과 같다.

Message : 우리 삶에 관하여 의견을 제시해 주는 메시지
- 실수를 통해서 우리는 자신을 향한 하나님의 뜻을 발견하게 된다.

Interruptions : 우리를 되돌아보고 생각하도록 하는 방해
- 실수를 통해서 우리는 자신과 타인을 새로운 시각으로 바라보게 된다.

Signposts : 우리를 바른 길로 안내해 주는 길잡이
- 실수를 통해서 우리는 잘못된 길을 발견하고 대비할 수 있다.

Tests : 우리를 더 성숙으로 나아가게 하는 테스트
- 실수를 통해서 우리는 자신의 역량을 시험해 보고 더욱 노력하게 된다.

Awakenings : 우리의 한계와 가능성을 깨닫게 해주는 자각
- 실수를 통해서 자신의 진정한 모습과 미래의 가능성을 깨닫게 된다.

Keys : 다음 기회의 문을 열어주는 열쇠
- 실수를 통해서 다른 길을 모색하여 새로운 해결점을 찾게 된다.

Explorations : 우리가 한 번도 가보지 못한 곳으로 여행하게 하는 탐험
- 실수를 통해서 우리는 더 나은 곳을 탐색하며 도전하게 된다.

Statements : 우리의 발전과 진보에 관한 진술서
- 실수를 통해서 우리는 스스로의 발전한 모습을 발견하게 된다.

2) 실패에 맞서 싸우는 5가지 방법이 있다.

① '실패'라는 단어 대신 '시행착오'라는 말을 사용하라. 희망적인 언어를 사용하는 사람은 쉽게 재기한다.

② '마지막'이라는 생각을 버려라. 실패를 딛고 재도전 할 기회는 반드시 찾아온다.

③ 자신을 실패자로 비하하지 말라. 실패 원인을 분석하고 반성하되 비하는 말아야 한다.

④ 항상 실패를 맞을 준비를 하라. 인생은 깊은 수렁도 있고 넓은 초원도 있다.

⑤ 실패가 예견되면 빨리 단념하라. 사람들은 가끔 차선책에 대한 미련으로 최선책을 놓치는 우를 범한다. - 리더스 다이제스트 -

3) 리더가 실수를 피할 수 있는 10가지 방법이 있다.

리더들이 가진 힘은 사람들의 삶을 좌지우지할 정도로 큰 위력이 있다. 하지만 리더의 잘못된 실수로 사람들에게 큰 타격을 주기도 하고 잘못된 리더를 양산하기도 한다. 한스 핀젤은 그의 저서 "리더가 저지르기 쉬운 10가지 실수"에서 리더가 실수를 피할 수 있는 10가지 방법을 다음과 같이 제시하고 있다.

① 무조건 명령하지 마라!

② 사람을 우선에 두라!

③ 확신있게 말하라!

④ 도전자를 위한 공간을 만들라!

⑤ 독불장군이 되지 말라!

⑥ 믿고 맡기라!

⑦ 온 마음으로 대화하라!

⑧ 함께 나아가라!

⑨ 사람을 키우라!

⑩ 꿈꾸는 자가 되라!

4) 자신은 비전이고 다른 사람은 망상입니까?

	비전가	몽상가
행동	말은 적고 행동은 많다.	말은 많고 행동은 적다.
힘의 근원	자기 내면의 확신	외부환경
역경 길이	험해도 계속 간다.	길이 힘들면 그만둔다.

8. 성경 인물들의 리더십 특징

1) 예수님의 리더십

① 겸손의 리더십

| 말씀읽기 |

그는 근본 하나님의 본체시나 하나님과 동등됨을 취할 것으로 여기지 아니하시고 오히려 자기를 비워 종의 형체를 가지사(빌 2:6~7)

예수님이 겸손하시다는 첫 번째 증거는 바로 주님이 자기를 철저히 비웠다는 사실이다. 성경은 "그는 근본 하나님의 본체시나 하나님과 동등됨을 취할 것으로 여기지 아니하시고 오히려 자기를 비워 종의 형체를 가지사"(빌 2:6~7)라고 기록하고 있다.

그리스도에게 있어서 "하나님과 동등됨"은 '얻는'(getting) 것이 아니라, '주는'(giving) 것이었고, 이기적인 거머쥠이 아니라 손을 벌려 주는 것이었다. 그리스도는 "하나님과 동등됨"을 '탐욕스럽게 걸머쥐고 화려하게 과시할 보물'로 여기지 않으셨다.

② 섬김의 리더십

| 말씀읽기 |

인자가 온 것은 섬김을 받으려 함이 아니라 도리어 섬기려 하고 자기 목숨을 많은 사람의 대속물로 주려 함이니라(막 10:45)

예수님의 표현에 따르면 리더(큰 자) 중에 리더(큰 자)는 섬기는 자이다. 마가복음 10장 45절에서 "인자가 온 것은 섬김을 받으려 함이 아니라 도리어 섬기려 하고 자기 목숨을 많은 사람의 대속물로 주려 함이니라"라고 말씀하셨다. 주님도 섬김을 받으러 이 세상에 온 것이 아니라 섬기려 하고 종이 되고자 왔다고 하셨다. 주님은 우리에게 섬김의 삶을 강조하셨다. 그러므로 예수님의 리더십 중에 잊어서는 안 될 리더십은 섬김이다. 섬기는 지도자의 모습이 성경적인 지도자의 모습이다. 곧 종으로서 섬김을 통한 자세가 성경이 가르치는 참된 지도자의 모습이라는 것이다. 하나님의 백성을 섬길 줄 아는 자가 참된 지도자인 것이다. 지도력에 있어서 제일 중요한 것은 섬김임을 알아야 한다. 예수님은 매우 의아스러운 동기에서 형성된 섬기는 자의 섬김의 행위를 마음에 두지는 않았다. 그는 섬김의 정신을 중요시하였다.

③ 온유의 리더십

| 말씀읽기 |

나도 너를 정죄하지 아니하노니 가서 다시는 죄를 범하지 말라(요 8:11)

예수님의 지도력에서 온유한 면은 간음하다 잡힌 여인의 이야기(요 7:53~8:11)에서 가장 분명하게 그려져 있다. 흥미롭게도 어떤 역본에서는 이 부분이 원본에 있지 않은 부분이라고 의문을 제기하고 있으며, 다른 곳에 두기도 한다. 그러나 어떤 학자는 "그 이야기는 실제로 성경에 있는 것이든지 아니든지간에 어조로 보아 예수님의 특징을 나타내 주고 있다"고 평했다. 종교 지도자들이 그 여인을 예수님께 데려왔을 때, 그들은 그녀를 인간으로 보지 않은 것 같다. 그들의 마음속에는 하나의 목적만이 있었다. 예수 그리스도를 함정에 빠뜨리려 했던 것이다.

예수님은 사람들이 그녀를 처형하지 못하도록 했을 뿐 아니라 동시에 그들을 부끄럽게 만들었다. 오늘날 많은 지도자들과는 달리 그분은 여인을 부도덕하다고 정죄하지 않으셨다.

예수님은 그녀가 자기 자신과 가정에서 입힌 해에 대해 주의를 주지 않으셨다. 또한 그녀를 꾸짖으며 "왜 그런 상태에 이르도록 자신을 방치하였느냐?"고 묻지도 않으셨다. 온유하려면 대단한 힘이 필요하다. 모든 지도자들이 다 온유한 면을 드러내는 것은 아니다. 온유한 사람은 마음이 약하고, 현실적이지 못하며, 심지어는 바보같다고 많은 사람들이 말하기 때문에 온유하기가 더 힘들어진다.

그러나 예수님은 말씀하셨다. "나도 너를 정죄하지 아니하노니 가서 다시는 죄를 범하지 말라."(요 8:11) 우리는 사업 관계에서, 교실에서, 가정에서, 심지어는 교회에서도 지도력의 한 가지 자질인 온유를 잃어버렸다. 우리는 예수님의 지도력에서 이 면을 기억해야 한다.

④ <u>용서</u>의 리더십

| 말씀읽기 |

우리가 우리에게 죄 지은 모든 사람을 용서하오니 우리 죄도 사하여 주시옵고(눅 11:4)

예수님께서는 제자들에게 기도하는 법을 알려 주시는 가운데서도 용서를 가르치셨다(눅 11:1~4). 교회에서 주님의 기도를 매주 반복하면서 그 내용이 무엇인지 모르는 사람들도 있을 수 있다. 하지만 그 기도의 의미를 진지하게 생각해 본다면 얼마나 많은 사람들이 그러한 기도를 하고 싶어 할까? "우리가 우리에게 죄 지은 자를 사하여 준 것 같이 우리 죄를 사하여 주옵소서"라고 기도하는 것은 우리가 다른 사람을 용서한 것처럼 하나님께서도 우리를 용서해 달라는 뜻임이 분명하다.

⑤ <u>선견자</u>로서의 리더십

| 말씀읽기 |

곧 물에서 올라 오실새 하늘이 갈라짐과 성령이 비둘기같이 자기에게 내려오심을 보시더니 하늘로부터 소리가 나기를 너는 내 사랑하는 아들이라 내가 너를 기뻐하

노라 하시니라(막 1:10~11)

예수 그리스도는 선견자로서의 리더십을 가지고 있었다. 예수 그리스도는 사물을 분명하게 바라볼 줄 알았고 확고한 비전이 있었다. 비전은 리더십의 재료이다. 이것은 다른 사람들로 하여금 주의를 기울이게 하며 앞을 바라보게 하는 능력이다.

예수 그리스도는 비전을 직접 보았고 들었다(막 1:10~11, 눅 10:18). 그리고 제자들로 하여금 비전을 보도록 인도했다.(마 16:13~17:13, 막 8:27~9:13, 13:26) 이것은 제자들로 하여금 예수 그리스도 자신과 같이 선견자적 리더십을 소유하게 만들기 위한 훈련이었다. 예수 그리스도의 이러한 훈련은 결국 소수의 제자로 하여금 전 세계를 정복하게 만드는 결과를 가져왔다. 예수 그리스도는 선견자였다. 그는 자신이 하나님의 계획을 보았고 제자들로 하여금 그 비전을 볼 수 있도록 인도했다. 성경적 지도자는 올바른 비전을 자신이 직접 보아야 하고 다른 사람들에게 가르쳐 주어야 한다. 비전의 초점을 잡는 돋보기와 같으며, 현재에서 미래로 데려가는 다리와 같고, 목표를 나타내는 이정표와 같다. 그러므로 성경적 지도자가 갖추어야 할 리더십은 선견자적 능력인데, 이러한 능력이야말로 리더십의 근원이 된다.

⑥ 순종의 리더십

| 말씀읽기 |

사람의 모양으로 나타나사 자기를 낮추시고 죽기까지 복종하셨으니 곧 십자가에 죽

으심이라(빌 2:8)

예수님이 체포당하신 때 마태복음 26장 53절의 말씀에 의하면 얼마든지 하나님께 구하여 열두 명 더 되는 천사를 보내시게 해서 체포를 면하게 할 수도 있었다. 하지만 이런 일이 있으리라 한 성경이 이루어지지 못할 것을 아시고(마 25:54) 순순히 체포에 응하심은 순종의 모범을 보여주는 좋은 사례가 될 수 있다. 또한 빌립보서 2장 8절의 말씀, 즉 "자기를 낮추시고 죽기까지 복종하셨으니"에서 순종이 있었기에 우리는 구원의 은혜를 얻게 된 것이다.

더군다나 죽기까지 복종했다는 것은 어느 것과도 비교할 수 없는 최고의 순종인 것이다. 구약성경의 여러 곳에서 나타난 하나님 말씀에 순종하고 열심히 섬기면 축복을 주신다는 약속의 말씀을 보더라도 순종의 중요성은 아무리 강조해도 지나치지 않다.

2) 모세의 리더십

| 말씀읽기 |

믿음으로 모세는 장성하여 바로의 공주의 아들이라 칭함 받기를 거절하고 도리어 하나님의 백성과 함께 고난받기를 잠시 죄악의 낙을 누리는 것보다 더 좋아하고 그리스도를 위하여 받는 수모를 애굽의 모든 보화보다 더 큰 재물로 여겼으니 이는 상 주심을 바라봄이라(히 11:24~26)

① 비전

만일 지도자가 비전을 가지고 있지 않다면 그는 방황자요 추종자요 혹은 정복자로 불릴 것이다. 그는 절대로 지도자로 불리지 못할 것이다. 지도자가 리더십을 소유하는 데 있어서 비전은 아주 중요한 요소이다. 모세의 비전은 바로 하나님이 보여주신 비전이었고 이스라엘 백성들을 위한 비전이었다. 그는 이스라엘 백성들의 미래에 대한 정확하고 선명한 그림을 갖고 있었다. 그렇기 때문에 모세의 사역에서 넘어야 했던 수많은 역경 속에서 방황하거나 좌절치 않고 백성들을 인도할 수 있었다.

② 용기와 과감한 결단력

영적 지도자에게 요구되는 가장 높은 수준의 용기는 항상 도덕적이며 또한 육체적인 용기가 자주 요청되기도 한다. 용기란 "두려움이나 압박감 없이 확고함으로 사람들에게 위험이나 어려움이 올 때 힘을 주는 마음의 자질"이다.

모세가 바로의 공주의 아들이라 칭함받기를 거절한 것이나(히 11:21) 그 백성과 함께 고난 받는 것을 애굽의 모든 보화보다 더 큰 재물로 여김(히 11:25~26)은 분명 그의 용기와 결단력이다. 특히 바로 앞에서 애굽에 내린 큰 심판을 두려움 없이 선포할 정도로 그는 용기있는 모습의 지도자였다. 바로가 모세를 다시 보면 죽이겠다고 위협함에도 불구하고 그는 바로를 떠나기 전에 하나님으로부터 전하라는 마지막 선언을 전할 수 있었다.

과거에 그는 하나님이 보낼 만한 자격을 갖추지 못했다고 주장하는 가운데 자신을 애굽에 보내지 말라고 간청하기도 했다. 그러나 나중에 그는 바로 앞에 나아가 비록 바로가 그를 죽이겠다고 위협함에도 불구하고 담대히 하나님의 심판을 선언하는 사람이 된 것이다. 모세의 이러한 용기와 결단력은 그의 신앙이 하나님에 대한 능력을 더욱 의지했기 때문이다.

③ 성실성과 책임감

리더십도 결국은 인간이 나타내는 것이므로 하나님이 주신 은사적인 리더십과 함께 지도자의 부단한 노력이 뒷받침 될 때 바람직한 리더십이 발휘될 수 있다.

모세의 리더십에 대해서 히브리서 3장 5절은 "장래에 말할 것을 증거하기 위하여 하나님의 온 집에서 종으로서 신실하였고"라고 기록하고 있고 민수기 12장 7절에서는 "내 종 모세와는 그렇지 아니하니 그는 내 온 집에 충성함이라"라고 언급하고 있다.

종이란 헬라어로 '데라폰'이며 이 뜻은 단순히 노예나 종이 아니라 주인에게 신임받고 권한을 가진 일꾼을 말한다. 이는 청지기의 개념과 같은 것으로 집안일을 관리하는 사람이다. 그러므로 히브리서나 민수기에 나타나는 종은 하나님의 비밀을 맡은 사람이며, 주인의 소유물을 지키고 보호하는 책임자를 말한다. 모세는 이 사명을 성실성과 책임감을 가지고 충성했다.

④ 효율적인 역할분담

모세는 영적인 지도자였으며 강력한 리더십을 발휘했음을 알 수 있다. 그러나 그는 하나님이 그를 통해 하시고자 하는 일을 감당하는 데 있어서 관리능력이 부족했다. 그래서 그의 사역 초기에 모든 문제를 홀로 결정하고 책임지려는 모습을 우리는 출애굽기 18장에서 볼 수 있다.

"이튿날 모세가 백성을 재판하느라고 앉아 있고 백성은 아침부터 저녁까지 모세 곁에 서 있는지라."(출 18:13) 그러나 그의 장인 이드로는 다음과 같이 충고한다.

"모세의 장인이 그에게 이르되 네가 하는 것이 옳지 못하도다 너와 또 너와 함께 한 이 백성이 필경 기력이 쇠하리니 이 일이 네게 너무 중함이라 네가 혼자 할 수 없으리라."(출 18:17~18)

이드로의 충고는 백성들의 문제들을 들어주는 책임을 분담할 대리자를 세우라는 것이다(물론 백성들이 받을 충고의 근원은 하나님이시며 그들이 받아야 할 인도의 권위도 역시 하나님이시다).

이드로는 모세에게 이스라엘 백성들 중에서 조심스럽게 조력자들을 선택해야 하는데 능력 있고 심지가 굳으며 하나님을 경외하는 자들만 포함시켜야 한다고 설명해 주었다. 이와 같이 해서 선택된 사람들은 백성들의 지도자들이 되었다. 모든 것을 스스로 감당하던 모세가 책임을 나누고 역할을 분담할 천부장, 백부장, 오십부장, 십부장을 세운 것이다. 그리고 이후 그의 사역에는 항상 책임과 역할분담이 이루어진 것을 확인할 수 있다.

⑤ 온유한 성품

모세가 탁월하게 쓰임 받음으로 말미암아 때때로 다른 사람이 그의 지위를 시기했다. 민수기 12장의 기록에 보면 "모세가 구스 여자를 취하였더니 그 구스 여자를 취하였으므로 미리암과 아론이 모세를 비방하니라.”라고 되어 있다.

이들의 논쟁의 초점은 모세의 지도력에 이의를 제기하는 것이었다. 그러나 이 시점에서 성경은 이렇게 기록하고 있다.

“이 사람 모세는 온유함이 지면의 모든 사람보다 더하더라”(민 12:3).

이 구절은 모세에 대한 하나님의 평가이다.

현재 그의 가장 가까운 동역자인 미리암과 아론이 모세를 비방하였음에도 불구하고 모세는 한마디도 자신을 위해 변명하지 않았다. 이것은 그가 하나님의 성품을 가졌음을 반영하는 태도이다.

성경에서 모세가 매우 온유한 자라고 언급된 말은 그가 연약했다는 의미가 아니다. 온유함은 연약함과는 다르다. 온유함은 진실로 참된 겸손에서 우러나는 것이다. 여기서 겸손이란 특히 하나님에 대한 사람의 마음 중심을 말한다.

즉, 온유함은 하나님과의 내적인 교제와 하나님을 향한 마음 중심에서 우러난 것으로, 이것은 겸손의 다른 사람들을 향한 외부적인 표현이라고 할 수 있다. 온유한 사람은 특히 하나님의 지배 아래 있는 사람을 의미한다. 온유함이란 자기 자신을 내세우고자 하는 충동이 전혀 없는 성품이다.

⑥ 세대교체

지도자의 자질에 대한 진정한 평가는 그가 물러난 다음 그의 사역이 어떻게 존속되느냐에 의해 평가된다. 모세의 사후 이스라엘의 상황은 백성들의 낙심과 절망을 동반했다. 그것은 40년간의 광야생활이 모세를 중심으로 전개되었기 때문이다. 이들에게 문제의 해결과 논쟁에 대한 화해의 중심에 언제나 모세가 있었다. 더욱이 그가 죽을 때 백성들은 가나안 땅을 들어가는 시점이었기 때문에 이러한 위기감과 절망감은 극심했을 것이다.

그러나 하나님은 여호수아를 오래전부터 준비시켜 왔음을 보게 된다. 지도자의 인격과 업적은 그가 그 자리를 물러난 후에라야 비로소 완전히 드러나게 되는데, 모세가 죽은 후 이스라엘은 비로소 모세의 위대함을 바라보게 되었다.

3) 느헤미야의 리더십

| 말씀읽기 |

또 그들에게 하나님의 선한 손이 나를 도우신 일과 왕이 내게 이른 말씀을 전하였더니 그들의 말이 일어나 건축하자 하고 모두 힘을 내어 이 선한 일을 하려 하매(느 2:18)

지도자 개인이 갖추어야 할 지도력

① 지도력의 근원은 기도와 경건한 삶이어야 한다(느 1:4~11).

느헤미야는 이스라엘 백성들을 위해 주야로 기도했으며, 왕의 앞에서 말에 실수가 없기 위하여 입을 열기 전에 잠깐 묵도를 드리고 입을 뗄 정도로 무시로 기도하는 사람이었다. 악한 자들의 비난을 위해 기도하고, 백성들이 원망할 때 기도하고, 힘이 약해질 때 기도하고, 순수한 예배를 위해 기도하였다. 그는 기도로 짜여진 사람이었다. 느헤미야의 기도는 성자의 기도처럼 세상과 구별된 곳에서 한 기도가 아니었다. 오히려 삶의 현장에서 그 삶을 통한 하나님의 뜻을 찾는 철저한 역사 인식에 기초한 기도였다. 느헤미야의 기도는 자신뿐만 아니라 모든 이스라엘 백성들의 마음에 동기를 부여하고 그들로 하여금 자발적으로 성벽 재건에 동참하게 만드는 능력있는 기도였다. 이것이 느헤미야의 기도에서 발견된 기도의 리더십이다.

② 지도자는 비전을 지닌 자이어야 한다(느 2:17~18, 12:27).

느헤미야는 비전의 사람이었다. 그의 비전은 황폐하고 무너진 예루살렘 성벽을 재건하는 것이었다. 느헤미야는 조국의 소식을 듣고 목숨을 걸고 왕의 허락을 받아 부와 명예를 포기하고 성벽재건을 위해 예루살렘으로 향했다. 조국의 현실을 안타까워하고 자기를 희생할 수 있는 마음은 '성벽재건'이라고 하는 비전 때문이었다. 그에게는 '성벽재건' 곧 이스라엘의회복이라는 비전이 있었기에 용기와 결단력 있게 모든 것을 버릴 수 있었다.

그는 금식하며 기도하는 가운데 상처받고 낙망 중에 현실을 외면하고 살아가는 이스라엘 백성들에게 소망과 용기를 주는 새로운 비전을 발견하고 제시하였다. 그의 비전은 시기적절한 것이었으며, 개인의 비전이 민족 전체의 비전으로 이어진 것이다. 그의 비전은 자신의 영광을 얻기 위한 비전이 아니었다. 오히려 암담한 이스라엘 민족이 정치적으로나 종교적으로 피폐해진 현실을 극복할 수 있는 민족적인 비전이었다.

그 비전은 무너진 성벽을 재건하는 일이었다(2:17~18, 12:27).

③ 지도자는 철저하게 준비하고 계획하는 자이어야 한다(느 2:6~7).
느헤미야는 페르시아 관헌에서 예루살렘 총독으로 일하는 것도 정확한 일정을 계획하였으며(2:6~7), 성벽을 재건하기 전에 답사하여 무엇부터 해야 할지 정했다(2:12 이하). 일꾼 선정에 있어서 대표를 위임 선발하는 능력을 보여주었다(7장).

지도자와 성도의 관계 속에서의 지도력

① 지도자는 사람을 쓰는 데 있어서 공정해야 한다(느 7:1~2).
느헤미야는 7장에서 성벽을 건축한 후에 성벽 파수를 위해서 필요한 사람을 세우고 있다(느 7:1~2). 그런데 그 조건은 "충성됨과 하나님을 경외함"이었다. 인격과 경험과 신앙이 느헤미야의 인사선발 기준이었다.

② 지도자는 성도들에게 본이 되어야 한다(5:14~15).
느헤미야는 권위적인 지도자들처럼 지시나 명령만으로 일관하지 않고 백성들과 함께 건설현장에 동거하면서 솔선수범의 모범을 보였다. 그래서 함께 일하는 인부들의 고충을 쉽게 파악할 수 있었으며, 그들의 필요와 요구사항이 무엇인지 정확히 알 수 있었으며, 가장 빠르고 효과적인 대안을 줄 수 있었다.
느헤미야는 당시 부패한 지도자들의 대표적인 3대 타락상, 즉 뇌물과

독재와 부동산 투기에 전혀 깨끗하다고 담대하게 고백한다. 백성에게 토색하지 않고 압제하지 않고 땅을 사지 않았다는 것이다. 오해를 받지 않으려고 당연히 받을 수 있는 월급도 포기했다는 것이다. 느헤미야처럼 자기 권리까지 반납할 수는 없더라도 다른 사람의 것을 빼앗는 지도자는 되지 말아야 한다.

③ 지도자는 성도들의 삶에 깊은 관심을 가져야 한다(2:12~17).
느헤미야는 바벨론 제국의 아닥사스다 왕의 술 관원으로, 조국인 이스라엘 백성들의 좌절과 실망, 그리고 그들의 무기력한 소식을 듣는다. 그는 예루살렘 성과 성벽이 크게 훼파되고 자기의 동족인 유대 백성들이 이웃 백성들에게 멸시와 조롱의 대상이 되어 하나님의 선민이라는 이미지를 그들에게서 찾아 볼 수 없음을 간파한다.
또한 느헤미야는 유대 백성의 문제를 좀 더 정확히 파악하고 진단하고자 인적이 드문 밤에 소수의 사람과 함께 몰래 밖으로 나가 조사하는 치밀함을 보인다(2:12-17).

지도자와 일과의 관계 속에서의 지도력

① 지도자는 일의 효율성을 높이기 위해서 각자 은사에 맞게 적절한 역할분담을 하였다(느 3장). 느헤미야는 성벽 건축을 위하여 백성들의 인구성향과 동향을 먼저 파악하고 인구수에 따라 일의 양과 역할을 분담하고 각 지파마다 책임자를 두어 일의 효율성을 높이도록 하였다. 그는

성벽 건축을 위한 39개의 그룹으로 백성들을 재구성한 것이다. 그들은 제사장들, 레위인들, 성전지기들, 금장색, 장사꾼, 공인, 사인, 고용주, 하인, 남자, 여자 등 모두가 참여하였다. 어떤 경우는 일가족 모두가 동원되기도 하고, 어떤 경우는 자기 직분과 관련하여 공적인 자격으로 일하기도 했다.

그러나 성벽건축에 참여한 모든 사람들은 자기에게 주어진 일이 무엇인지 분명히 알고 있었고 또 그에 대한 책임도 받아들였다. 그래서 성벽건축은 많은 어려움이 있었음에도 불구하고 52일(느 6:25)만에 완공되었다.

② 지도자는 뚜렷한 목표의식을 가지고 우선순위를 정해야 한다(느 2:17).

느헤미야의 예루살렘 성 중건 목표 중의 하나는 "다시는 수치를 받지 말자"(2:17)는 것이었다. 그리스도인은 특정한 목표를 향해 추진해 가는 특정한 계획에 관하여 큰 확신을 가지고 주님의 특별한 인도를 구해야 한다.

느헤미야의 장기적인 목표는 무너진 예루살렘 성을 중건하는 것이었다. 이것은 그의 비전이면서 동시에 하나님의 비전이었다. 그가 장기적인 목표를 세웠음에도 불구하고 52일만에 달성할 수 있었다. 왜냐하면 비전이자 궁극적인 목표에 대해서 조금도 흔들리지 않았기 때문이다.

4) 바울의 리더십

| 말씀읽기 |

푯대를 향하여 그리스도 예수 안에서 하나님이 위에서 부르신 부름의 상을 위하여 달려가노라(빌 3:14)

① 교회의 개척자

예수 그리스도를 믿고 구주로 영접하기 전에 바울은 핍박자였으며, 목적을 위해서는 어떠한 일이라도 행하는 사람이었다(행 7:54~8:3). 핍박자요 폭행자였던 바울이 다메섹 도상에서 그리스도를 만남으로 말미암아 위대한 기독교 지도자요 하나님의 교회 개척자로 우뚝 서게 된 것이다.

바울이 교회의 개척자로서의 모습을 가장 잘 보여주는 것은 유대만 혹은 소아시아만이 아니라 당시 땅 끝이라 불리웠던 서바나까지 복음을 전하고자 하는 비전과 열정을 가진 사람이었다는 것에서 발견할 수 있다(롬 15:23).

② **목표**를 지향

바울은 복음전파의 삶으로 하나님과 사람을 섬긴 섬김의 지도자요, 복음을 위해서는 죽음도 마다하지 아니하고 나아가는 가장 확실하고 뚜렷한 사역철학을 가지고 있었던 목표를 지향하는 사람이었다.

무엇보다 그는 어린 시절 가말리엘의 문하에서 율법 훈련을 받는 것부터 시작해서 스스로 아라비아 광야에서 훈련을 쌓았으며(갈 1:15~17), 어느 누구보다도 뛰어난 팀사역을 행했다. 그의 동역자들로는 누가, 디모

데, 실라, 디도, 아리스다고, 에바브라디도, 브리스길라와 아굴라 등 수많은 사람들이 있었다. 이러한 동역자들과의 관계 속에서 땅 끝까지 복음전파라는 목표 아래 바울은 철저하게 위임할 줄 아는 지도자였다.

③ <u>비전</u>을 제시

성장한 교회들의 지도자들을 보면 대부분 환난과 역경과 어려움과 시련의 세월들을 통해 연단의 과정을 거친 사람들임을 알 수 있다. 그들은 대부분 그 어려움 가운데서도 내일에 대한 비전을 상실하지 않았으며, 오히려 비전을 제시한 비전제시형의 지도자들이었다. 바울 역시 비전제시형의 사람이었다.

그리스도의 복음전파를 위해 자신의 목숨까지 아까워하지 않고 땅 끝까지 복음을 전하려 했던 바울의 비전은 오늘 이 시대 가운데서도 수많은 사람들에게 살아 숨쉬고 있다.

④ 다른 사람에게 민감함

바울이 소유했던 것과 같은 재능과 인격적 힘을 가진 지도자들은 자주 자기보다 못한 사람들을 누르거나 무시하며, 또 다른 사람들의 권위와 확신에 대해서 덜 민감한 경향이 있다. 그러나 바울은 다른 사람들과의 관계에서 매우 주의가 깊었고, 보기 드문 재치와 세심한 배려로써 어려운 상황들을 잘 타개해 나갔다.

바울은 다른 사람들의 권리와 감정에 대해 생각이 깊고 민감했으며, 오해를 일으키지 않으려고 조심했다. 그는 다른 사람들의 권한을 침해하는 것을 피하려고 힘썼다(고후 10:13~16).

⑤ 용기의 소유자

바울은 매우 뛰어난 정신적 용기의 소유자였다. 그는 그의 가는 길에 고난이나 위험이 늘 자기를 기다리고 있다는 것을 잘 알고 있었다. 그러나 장차 올 고난과 현재의 위험이 그를 방해하거나 가던 길을 단념하게 하지 못했다(행 20:22~23).

이 용감한 사도는 그의 주님을 위하여 사자와 같이 사납게 날뛰는 군중들과 직접 맞부딪치려고까지 했다(행 19:30~31). 그는 항상 위험을 피하기만 하는 것은 우리의 취할 태도가 아님을 깨달았다.

그러나 그의 용기는 두려움을 전혀 모르는 용기가 아니었다(고전 2:3). 바울은 정신적으로 좌로나 우로 치우지지 않는 놀라운 이상적 균형을 나타내 보였다. 그는 태만하게 어떤 일들을 그냥 내버려두는 일이 없었다. 마땅히 필요한 징계를 해야 하는데도 거기에 따르는 아픔과 수고를 면하기 위해 징계하지 않고 내버려두는 일이 없었다.

⑥ 결단력

바울은 영적 야전 지휘관으로서의 지도력을 갖추고 있었다. 이것은 그가 회심 때 나타내 보였던 그의 중요한 성품의 일면이었다. 하늘이 열리고 존귀하신 그리스도를 보았을 때 바울의 첫 질문은 "주여, 뉘시니이까?"라고 했으며, 예수님의 대답은 "나는 네가 핍박하는 나사렛 예수라"고 했다. 그 순간 그는 완전히 새로워진 심령으로 무조건적인 충성과 순종을 하기로 결심했다. 이것은 그의 두 번째 질문으로 이끌었다.

"주여, 무엇을 하리이까?"(행 22:8,10) 그는 한 번 확신하면 결심을 바꾸지 않았다. 어떤 것이 진리라고 인정되면 그것을 따랐다. 우리는 여기서 훌륭한 영적 지도자는 일단 하나님의 뜻을 확신하면 결과에 구애되지 않고 행동으로 옮긴다는 것을 알 수 있다.

⑦ 겸손

바울은 예수님의 발자취를 따랐다. 그는 다른 사람들에 의해 높임을 받았지만, 자신의 과거를 크게 뉘우치는 겸손한 자세로 살았으며, 그렇다고 과거에 집착하지 않았다. 하나님과 사람에게 영원한 빚을 지고 있다는 의식이 그로 하여금 겸손한 자아상을 갖게 했다. 그는 골로새의 그리스도인들에게 거짓된 겸손을 주의하라고 했다(골 2:18, 23). 이것은 정말로 가장 교묘한 형태의 교만이기 때문이다. 바울의 겸손은 계속 발전되고 있었다는 것이 그 특징이다. 세월이 감에 따라 그의 겸손은 더욱 깊어졌다(고전 15:9; 엡 3:8).

⑧ 진실

바울은 그의 서신들 속에서 자신을 있는 그대로 나타냄으로써 진실한 사람이라는 인상을 남겼다. 그의 삶 전체를 통하여 자신의 양심이 깨끗하다는 것을 알았고, 이것을 유지하는 일에 부지런히 힘썼다. "이것으로 말미암아 나도 하나님과 사람에 대하여 항상 양심에 거리낌이 없기를 힘쓰나이다."(행 24:16)

⑨ 열심과 전심

바울은 하나님을 위한 모든 일에 열심과 전심을 다했다. 열심에 있어서 그는 예수님을 본받으려고 애썼다. 그래서 베스도 총독은 바울에 대해 말하길, "바울이 이같이 변명하매 베스도가 크게 소리 내어 이르되 바울아 네가 미쳤도다 네 많은 학문이 너를 미치게 한다"(행 26:24)고 했다. 세상에 속한 사람들은 하나님을 향한 열심을 미쳤다고 생각한다. 그러나 하나님의 시야에서 그것은 최고의 지혜이다.

그러므로 바울은 로마서 12장 11절에서 "부지런하여 게으르지 말고 열심을 품고 주를 섬기라"고 했듯이, 주를 위해 죽기까지 몸 바쳐 희생했던 처절한 삶이 우리에게 교훈을 준다.

9. 21세기 교회성장을 위한 리더십의 회복

1) 목자의 심정을 가진 리더십

| 말씀읽기 |

나는 선한 목자라 나는 내 양을 알고 양도 나를 아는 것이 아버지께서 나를 아시고 내가 아버지를 아는 것 같으니 나는 양을 위하여 목숨을 버리노라(요 10:14~15)

성경에서 구약의 선지자와 신약의 사도들을 만날 수 있는데 이들은 모두 하나님이 세우신 목자들이다. 이들의 사역들을 통해 오늘의 목회자들은 하나님의 백성들을 향하는 마음이 어떠한지를 알 수 있고 이들의 마음은 또 어떠했는지를 알 수 있다.

그들은 모두 하나님이 주신 사명을 감당하도록 거룩하게 부르심을 받았다는 의식에 철저했다. 그들은 하나님과 친밀한 교제를 나누고 그 속에서 하나님의 마음을 읽고 하나님의 음성을 듣고 영적으로 허덕이는 굶주린 백성에게 찾아가서 눈물로 호소한 사람들이다. 그들은 동시에 성도들의 관심사를 민감하게 파악하는 사람들이었고 그런 것들을 다루는 행동하는 사람들이었다.

2) 기도와 말씀으로 영성을 갖춘 리더십

| 말씀읽기 |

너희가 내 안에 거하고 내 말이 너희 안에 거하면 무엇이든지 원하는 대로 구하라 그리하면 이루리라(요 15:7)

기도와 말씀으로 경건을 갖춘 리더십은 목회자의 리더십에 결정적인 요소라고 볼 수 있다. 먼저 기도 측면에서 사무엘이 이스라엘을 위하여 하나님 앞에 기도하기를 쉬는 죄를 범치 아니하기를 결심한 것처럼, 목회자는 하나님의 종으로서 기도를 통해서 삶을 늘 빈틈없이 준비하고 유지시켜야 한다. 그럴 때 경건한 리더십이 주어진다. 천로역정을 쓴 존 번연(John Bunyan, 1628-1688년)은 "당신은 기도한 후에 기도보다 더 많은 일을 할 수 있다. 그러나 당신이 기도할 때까지는 기도보다 더 많은 일을 할 수 없다"고 했다. 기도는 목회자의 리더십 중에 핵심적인 요소이다.

3) 경건한 인격을 갖춘 리더십

| 말씀읽기 |

또 사람에게 말씀하셨도다 보라 주를 경외함이 지혜요 악을 떠남이 명철이니라(욥 28:28)

경건은 하나님을 사랑하며 하나님을 두려워하며 기도로 하나님과 대화하는 것이다. 안셈(1033~1109년)은 하나님을 증명할 때, 기도로 시작했다. 참된 경건은 하나님 앞에 겸손하게 엎드리는 부복신학이다. 하나님 앞에 경건하게 엎드리는 자세에는 하나님의 말씀을 경청하고 하나님의 뜻대로 하려는 바른 인격이 나온다.

21세기에는 정보와 기술은 발전하지만, 인간성의 파괴와 영성의 혼란이 예상되기 때문에 경건성의 약화는 지금보다 더 심각해질 것으로 보인다. "하나님을 경외하는 것이 지식의 근본"이고(잠 1:7), "주를 경외함이 곧 지혜요 악을 떠남이 명철"이다(욥 28:28).

4) 영혼에 대한 열정을 가진 리더십

| 말씀읽기 |

내가 예수 그리스도의 심장으로 너희 무리를 얼마나 사모하는지 하나님이 내 증인이시니라(빌 1:8)

목회자가 열정적인 리더십이 있다고 해서 다 되는 것은 아니다. 열정적인 리더십의 근거가 어디서부터 시작하는 것인가가 중요하다. 토마스 아 켐피스의 말처럼, 열정은 중요한 요소이지만 자신의 삶을 자성하고 살피는 엄격성 위에 있어야 한다.

러셀은 열정에 대해서 사람은 누구나 원하는 바 어떠한 사업이나 목적에 대한 열정과 희망이 있는데 그 열정과 희망이 깨어졌을 때 사람은 불행에 빠진다고 했다. 희망과 열정을 파괴하는 망치는 바로 그릇된 세계관이나 인생관 속에 있다. 그릇된 도덕관, 그릇된 습관에서 그 원인을 깨달을 필요가 있다고 하였다. 이처럼 열정도 경건의 토대 위에 있는 열정이면 좋다. 성경에 등장하는 바울을 비롯하여 수많은 하나님의 사람들이 하나님이 명하여 보내신 일에 불타는 열정이 있었던 사람들이다.

5) 선교 지향적으로 사역하는 리더십

| 말씀읽기 |

내가 달려갈 길과 주 예수께 받은 사명 곧 하나님의 은혜의 복음을 증언하는 일을 마치려 함에는 나의 생명조차 조금도 귀한 것으로 여기지 아니하노라(행 20:24)

선교 지향적 비전을 가진 지도자는 사람들을 그리스도께로 인도하겠다는 개인적인 열심과 열정을 가진 자이다. 또한 자신을 희생하기까지 교인들의 신앙성숙을 돕고 그들의 필요를 충족시켜 주고픈 열성을 가진 자이기도 하다.

이와 함께 지도자는 사역의 우선순위를 분명히 파악해야 한다. 선교 지향적 리더십의 우선순위는 사람들이 하나님을 경배하고 믿음을 성숙시키며 다른 사람들의 필요를 충족시키는 분위기를 창출하는 데 있다.

6) 비전을 갖춘 리더십

| 말씀읽기 |

묵시가 없으면 백성이 방자히 행하거니와 율법을 지키는 자는 복이 있느니라(잠 29:18)

비전은 순간적인 기발한 아이디어로 대중을 끌고 가는 카리스마적 지도자의 비전을 말하는 것이 아니다. 21세기의 지도자는 낮에 해를 보고 밤에 달이나 별을 보고 정확한 날짜와 시간을 맞출 수 있는 재능을 가진 "시간을 알려주는 사람"이 아니라 자신이 죽고 난 후에 여전히 하나님의 교회에 시간을 가르쳐 줄 수 있는 시계를 만드는 사람이 되어야 한다. 지도자는 비전의 사람이다. 꿈을 꾸는 사람이다. 큰 꿈을 꿀 줄 아는 사람이다.

꿈이나 어떤 개념이나 비전이나 목적이 큰 사람이다. 그런 사람은 조용히 앉아 묵상하는 시간을 갖는다. 바쁜 속에서는 꿈이 안 나온다. 홀로 있는 시간에는 하나님과 단 둘이 있는 시간이 많기 때문이다. 그 비전이 머릿속에 있으면 이상한 현상이 그때부터 나타난다. 그 비전이 자기를 끌어당긴다. 자기도 모르게 그 비전을 향해서 움직여가고 거기서부터 어떤 힘이 생긴다. 우리는 꿈의 사람이 되어야 한다. 모든 위대한 운동은 꿈에서부터 시작되었다. 위대한 비전 없이 위대한 일은 일어날 수가 없다.

7) 영적 권위를 갖춘 리더십

| 말씀읽기 |

내가 이르노니 너희는 성령을 따라 행하라 그리하면 육체의 욕심을 이루지 아니하리라(갈 5:16)

영적인 지도자에게 있어서는 영적 권위가 중요하다. 곧 성령의 기름 부으심을 통해 가질 수 있는 영적 권위를 지닌 지도자가 영적인 지도력을 가지고 나아갈 수 있는 것이다. 성장하는 교회의 성도들은 그들의 지도자들이 영적인 지도자이기를 원하고 또한 확신하고 있기에 영적 권위는 성장형 지도자에게 필수적이다. 성령은 거룩한 에너지가 아니라 거룩한 인격이시다. 이 거룩한 인격이 우리 안에서 역사하시면서 거룩한 능력과 하나님의 거룩한 역량을 우리에게 나누어주시며, 우리가 새로운 내적인 힘과 우리 역량 이상으로 할 수 있는 가능성과 특별한 영적 권위와 믿음을 느낄 수 있도록 하신다. 우리는 우리 자신이 아니라 전적으로 성령으로부터 온 새로운 능력을 깨닫게 된다.

8) 분명한 사역철학을 가진 리더십

| 말씀읽기 |

푯대를 향하여 그리스도 예수 안에서 하나님이 위에서 부르신 부름의 상을 위하여 달려가노라(빌 3:14)

사람들은 삶의 방향을 지시해 주는 목표를 필요로 한다. 표적이 없는데 표적을 향하여 나아가기란 불가능하다. 목표는 진보를 보장해 주기 때문에 또한 중요하다. 목표가 필요한 세 번째 이유는 목적 달성을 위해서다. 과녁이 없이 쏘는 사람은 정말로 아무것도 맞추지 못한다. 이것은 목회에 있어서도 마찬가지, 지도자가 분명한 사역철학을 가지고 있을 때에 과녁을 맞출 수가 있다. 목회자는 날마다 교회가 무엇인지를 물어야 한다.

왜냐하면 그가 교회를 어떻게 보느냐에 따라 그의 목회방향이 결정되기 때문이다. 이런 점에서 릭 워렌의 말은 옳다. 모든 교회는 무엇인가에 의해 움직인다. 교회에서 일어나는 모든 일에는 인도하는 힘과 조절하는 과정과 이끌어가는 확신이 작용한다. 어쩌면 이것들은 이야기되지 않고 많은 사람들에게 알려지지 않는 것들인지도 모른다. 이것들이 공식적으로 투표된 적은 아마 한 번도 없었을 것이다.

건강한 교회는 방법론에 의존하지 않는다. 그러므로 무엇보다 사역철학을 정립하는 것이 중요하다. 교회가 무엇이며 왜 존재하는가? 라는 질문에 우리가 어떤 해답을 얻느냐에 따라 우리의 사역철학이 달라질 것이다.

9) 팀웍을 갖춘 리더십

| 말씀읽기 |

또 너희는 많은 환난 가운데서 성령의 기쁨으로 말씀을 받아 우리와 주를 본받은 자가 되었으니(살전 1:6)

많은 사람들이 이제는 팀으로 일할 때가 왔다고 이야기한다. 혼자서 모든 것을 다 할 수 있다는 생각에서 벗어나 이제는 팀으로 움직이지 않으면 안 되는 사회에서 살고 있기 때문이다. 이제는 팀 역할 분담에서도 카리스마가 필요하다. 그렇다면, 한국의 상황에 적합한 팀 리더십은 무엇일까? 나는 여전히 강력한 카리스마 리더가 존재하는 팀웍이 필요하다고 본다.

그러나 모든 멤버들에게 제왕으로 군림하는 리더십이 아니라 자신의 역할을 제대로 이해하고 원칙에 따라 신뢰를 받을 수 있는, 희생하는 리더로서의 카리스마가 필요하다. 미국에서 말하는 단순한 바람잡이로서의 '팀 리더' 개념은 너무 약하다. 그렇다고 한 사람의 리더가 전체를 잡고 흔드는 팀워크도 아니다. 강력한 리더에 의한 리더십이 발휘되면서도 원칙에 의한 신뢰가 있고 그 신뢰와 원칙에 의해 팀이 운영되어야 한다.

10) 전문성을 갖춘 리더십

| 말씀읽기 |

너는 진리의 말씀을 옳게 분별하며 부끄러울 것이 없는 일꾼으로 인정된 자로 자신을 하나님 앞에 드리기를 힘쓰라(딤후 2:15)

이제는 능력 없는 지위는 '왕따' 당하는 시대가 되었다. 이제는 전문성이 힘이다. 우리는 이것을 전문성의 권위라고 부른다. 전문성을 가지고 그 분야에서 아마추어가 아닌 프로가 되었을 때, 그것이 바로 우리에게 영향력을 행사할 수 있는 권한을 가져다 준다. 그래서 우리가 가지고 있는 지위는 신분사회에서 서열을 가리키는 것이 아니라 우리가 감당해야 할 전문성의 역할로 보는 것이다. 그러므로 우리는 전문성에 관한 자기계발에 우선순위를 두어야 한다. 현재의 지위가 나를 끝까지 안전하게 인도해 줄 수 없다는 사실을 인식해야 한다. 21세기는 전문성으로 무장한 프로들에 의한 영향력의 독점현상이 두드러질 것이다.

| 핵심포인트 |

리더로서의 자질은 타고나는 것이 아니고 개발되어 가는 것이다. 소그룹의 성공이 바로 그 소그룹의 리더의 자질에 달려있다고 한다면, 리더는 끊임없이 자신을 개발하고 리더십과 권위를 스스로 세워가야 할 것이다. 소그룹에서는 리더와 구성원 사이에 자연스럽게 긴장이 고조될 가능성이 늘 잠재하고 있다. 이때 바로 소그룹 리더의 리더십이 얼마만큼 발휘되느냐에 따라 소그룹 사역의 성패가 달려있다고 하겠다.

좋은열매 | Good Fruit

1. 오늘 나에게 은혜와 도전이 되는 말씀과 실천사항을 나누어 보자.

은혜와 도전이 되는 말씀	구체적인 실천사항

2. 당신이 생각하는 기독교 리더십은 어떤 것인지 나누어 보자.

3. 다함께 합심기도로 마무리하자.

1) 교회 리더자에게 순종하여 하나님의 뜻을 이루게 하옵소서.

2) 구역의 리더로서 성품과 삶에 본이 되게 하옵소서.

3) 구역에 선한 영향력을 끼쳐 또 다른 리더(예비 구역장)를 세우게 하옵소서.

07 소그룹인도법, 사람들이 몰려오게하라

"교회의 소그룹이란 그리스도 안에서 풍성한 삶과 성장을 목적으로 3~12명 정도의 사람들이 주기적으로 만나는 모임이다."

| 말씀읽기 |

날마다 마음을 같이하여 성전에 모이기를 힘쓰고 집에서 떡을 떼며 기쁨과 순전한 마음으로 음식을 먹고 하나님을 찬미하며 또 온 백성에게 칭송을 받으니 주께서 구원 받는 사람을 날마다 더하게 하시니라(행 2:46~47)

좋은씨앗 | Good Seed

한 신사가 교회에 예배를 드리려 가던 도중 길거리에서 장난하고 놀고 있는 네 명의 소년을 보았습니다. 그는 이 소년들을 열심히 설득해서 교회로 인도해 왔습니다. 그리고 소그룹 성경공부반을 만들어 이들을 가르치기 시작했습니다.

비록 네 명밖에 안되는 모임이었지만 정성을 다해 가르쳤습니다.

세월이 흘러 장성한 소년들은 각기 마을을 떠났습니다. 그 후 이 마을에서는 노신사의 은퇴 축하연이 열리게 되었습니다. 그 자리에 4통의 편지가 낭독되었습니다.

중국 선교사, 연방은행 총재, 후버 대통령과 그의 비서실장으로부터 온 감사편지였습니다. 그들은 이 노신사가 가르쳤던 네 명의 학생들이었습니다.
아이오와 주의 한 교회에서 있었던 소그룹 성경공부 모임을 통해 미국의 위대한 지도자들이 배출된 것입니다.

1) 신앙생활 가운데 소그룹 모임의 유익을 경험한 적이 있는가?

2) 당신에게 가장 기억에 남는 소그룹 모임이 있다면 서로 나누어 보자.

좋은나무 | Good Tree

1. 소그룹이란 무엇인가?

소그룹을 이해하기 위해서는 먼저 소그룹에 대한 정의가 필요하다. 학자들 간에 다소 차이는 있지만 공통적으로 다음과 같이 정의하고 있다.
아이스노글은 "소그룹은 서로의 발전과 다른 이들의 보편적인 이익을 위하여 함께 나누고 실천하는 몇 사람이 얼굴을 마주하고 만난 모임"이라 정의하였다.
아이스노글이 강조하는 바는 얼굴을 마주하고 만난 모임을 강조하고 있는데, 대면그룹이야말로 상담에 있어서 필수적인 요소라 할 수 있다.

빌 헐은 "소그룹이란 3~14명으로 구성된 모임으로서 구성원들이 규칙적으로 만나 그들이 사랑하는 사람들을 초대하고 그들과 함께 직장에서 가정에서 그리스도께 영광을 돌리는 진지한 삶의 방식을 추구하며 성장하고자 하는 공동의 목적을 성취해 나가는 모임"이라 하였다. 빌 헐은 인원의 제한성을 제시한다. 많은 수가 아닌 소수의 인원이 모임 그룹에서 변화의 역동이 일어나는 것이다. 말 그대로 소수의 사람들의 모임이다.

맥 브라이드는 교회 내의 소그룹이란 "3~12명까지의 사람들이 영적으로 서로 세워주고 교제하는 공동의 목표를 가지고 정기적으로 함께 만나는 자발적이고 계획적인 모임"이라고 하였다. 맥 브라이드는 정기적으로 만나는 것을 강조하고 있다. 정기적인 만남이 이루어질 때 변화가 일어나는 것이다.

데이비드 존슨은 소그룹을 "그룹의 목표가 분명하고, 그룹원들이 자기 생각과 감정을 나누며, 그룹원 간의 참여와 리더십이 공유되며, 상황적 필요를 위해서는 과정이 유동적이며, 권위가 그룹 사이에서 효과적으로 전달되며, 그룹원들 간의 반대 의견들이 수렴되며, 그룹원들의 개인적인 효율성이 극대화 되며, 문제해결이 확실하다."고 하였다.

소그룹은 개개인의 의견을 수렴할 수 있는 장점을 가지고 있다. 한 사람의 일방적인 지시에 의해서 움직이는 조직이 아니라 서로의 의견을 충분히 수렴함으로써 공동의 목적을 추구할 뿐 아니라 서로의 아픔을 나누는 그룹이다.

폴 스티븐스는 소그룹을 정의하기를 "3~12명의 사람들이 일정한 기간 정기적으로 만나 그리스도를 알고 그분의 제자로 성장하기 위해서 모이는 모임이다."라고 하였다. 위의 정의는 일곱 가지 요소를 지니고 있다. 첫째, 소그룹은 '의도적인' 모임이다. 둘째, 소그룹은 '얼굴과 얼굴을 맞대고' 모이는 모임이다. 셋째, 소그룹은 '3명에서 12명이 모이는' 모임이다. 넷째, 소그룹은 '정해진 시간에 모이는 모임이다. 다섯째, 소그룹은 '동일한 목적'을 가지고 모이는 모임이다. 여섯째, 소그룹은 '성장'을 위한 모임이다.

학자들의 정의를 종합해 보면, 소그룹이란 "영적인 세움과 전도를 위해 정규적으로 만나는 사람들의 그룹, 또는 지역교회 활동에 참여하기 위해 헌신하는 사람들의 모임"이다.

2. 소그룹 리더의 일곱가지 자질(C7)

능력 있고 성령 충만한 리더로 성숙하기 위해 빌 도나휴는 7가지 성경적 자질들을 점검해 보기를 원한다.

1) 그리스도를 따르는 자(Christ follower) – 그리스도를 위한 열정

| 말씀읽기 |

곧 부르시니 그 아버지 세베대를 품꾼들과 함께 배에 버려 두고 예수를 따라가니라 (막 1:20)

믿는 자로서 우리의 목표는 그리스도 안에서 온전하게 되는 것이다(골

1:28~29). 리더로서 완전한 것을 기대하는 것은 아니지만, 엡 4:13에 기술된 대로 성숙한 사람이 되어야 한다. 성숙함에 이르러야 하는 영역은 죄에서 떠나야 하고, 말씀과 기도의 시간을 가져야 하며, 성령의 지배를 받고 사역에서 은사를 활용하며, 역경 속에서도 인내를 할 줄 알아야 한다.

2) 성품(Character) – 그리스도의 성품을 닮음

| 말씀읽기 |

너희 안에 이 마음을 품으라 곧 그리스도 예수의 마음이니(빌 2:5)

성품의 깊이는 세상을 멀리 하고 그리스도의 모습을 닮아가는 데서 나온다. 이들은 세상을 본받지 않고 그리스도의 형상으로 변화되며 지도자로서 갖추어야 할 성품을 개발하는 데 힘쓴다.

3) 소명(Calling) – 하나님의 사람들을 목양하라는 부르심

| 말씀읽기 |

세 번째 이르시되 요한의 아들 시몬아 네가 나를 사랑하느냐 하시니 주께서 세 번째 네가 나를 사랑하느냐 하시므로 베드로가 근심하여 이르되 주님 모든 것을 아시오매 내가 주님을 사랑하는 줄을 주님께서 아시나이다 예수께서 이르시되 내 양을 먹이라(요 21:17)

리더들은 돌보는 마음을 갖고 있는 사람들이다. 그들은 눌려 있고, 의기

소침해 있는 사람들에 대하여, 보호해 주고 양육해 줄 좋은 목자가 필요한 사람들로 보아야 한다. 이들은 마음속 깊이 사역의 필요성에 대한 각성이 있고 그들의 은사를 다른 사람들을 목양하는 데 사용하는 사람들이다.

4) 능력(Compentence) – 그룹을 인도하고 지도할 수 있는 능력

| 말씀읽기 |

우리가 그를 전파하여 각 사람을 권하고 모든 지혜로 각 사람을 가르침은 각 사람을 그리스도 안에서 완전한 자로 세우려 함이니 이를 위하여 나도 내 속에서 능력으로 역사하시는 이의 역사를 따라 힘을 다하여 수고하노라(골 1:28~29)

리더는 방향을 제시하고 지체들이 그룹의 방향에 초점을 맞출 수 있게 하고 그 목적에 따라 그룹을 인도할 줄 알아야 한다. 또한 자기 자신을 내어놓아 소그룹을 효과적으로 잘 이끌 수 있도록 필요한 기술들을 연마할 줄도 알아야 한다.

5) 적응력(Compatibility) – 리더로서의 자질과 열정

| 말씀읽기 |

바울이 그 환상을 보았을 때 우리가 곧 마게도냐로 떠나기를 힘쓰니 이는 하나님이 저 사람들에게 복음을 전하라고 우리를 부르신 줄로 인정함이러라(행 16:10)

리더는 다른 사람들을 훌륭하게 인도하는 사람이다. 그들은 소명받은 사역이나 함께 일하는 사람들과 잘 적응할 수 있는 능력을 가졌다. 지도력에서의 팀웍은 필수적인 것이다.

6) 헌신(Commitment) – 필요한 일을 하는 능력

| 말씀읽기 |

내가 또 주의 목소리를 들으니 주께서 이르시되 내가 누구를 보내며 누가 우리를 위하여 갈꼬 하시니 그 때에 내가 이르되 내가 여기 있나이다 나를 보내소서(사 6:8)

성령의 인도함을 받는 지도자들은 사역의 비전과 그리스도, 그리고 소명과 그룹원들의 성장을 돕는 일 등에 헌신 되어 있다. 지도자들은 지체들을 그리스도 안에서 성장하게 하는 일과 할 수 있는 대로 그리스도를 위해 새로운 사람들에게 전도하는 일에 헌신 되어 있다.

7) 역량(Capacity) – 섬김과 돌봄의 능력

| 말씀읽기 |

각각 은사를 받은 대로 하나님의 여러 가지 은혜를 맡은 선한 청지기 같이 서로 봉사하라(벧전 4:10)

지도력이란 지체들을 섬기며 사역의 성취를 위해서 가능한 모든 방법을 동원해 일을 하게 하는 것이다. 이것은 시간과 정력 그리고 자원을 갖고 있는 것을 의미한다. 지도자들은 하나님께서 부르신 소명을 따라

보유하고 있는 영적, 정서적, 물질적 자원들을 최대한도로 사용하기 위해 쓸데없는 약속이나 신경 쓰이는 일들로부터 자유할 수 있어야 한다.

3. 소그룹 순서 및 원칙

1) 소그룹 모임 순서를 익혀 두자.

① 간단한 식사와 교제

② 마음문 열기

③ 찬양과 기도

④ 말씀 나누기(1)

⑤ 말씀 나누기(2)

⑥ 합심기도

⑦ 광고 및 마침기도

⑧ 교제 및 정리정돈

2) 모임 순서에 대한 원칙이 있다.

① 간단한 식사 및 교제

a. 간단한 식사는 반드시 하는 것을 원칙으로 한다.

b. 구역 초기 한 달은 가능하면 구역장 집에서 모이도록 한다.

(단, 여건이 허락치 않으면 계속해서 구역장 집에서 모인다.)

c. 일정시간이 지난 후, 가능하면 구역식구들의 집을 순회하면서 모임을 가진다.
d. 구역식구들이 음식 한가지씩 준비하도록 한다.

② 마음문 열기
a. 아이스 브레이크(Ice-break) 질문으로 시작하는데, 구성원들 사이에 서먹서먹하게 냉각된 분위기를 깨뜨려 서로의 마음문을 열고 시작하게 한다.
b. 아이스 브레이크(Ice-break)의 시간이 지나면 곧바로 리더가 기도하거나 리더가 지정하여 대표기도를 하고 모임을 시작하는 것도 좋다.

③ 찬양과 기도
a. 곡을 선정할 때에는 주제에 맞는 곡들을 선정하고, 마지막 찬양 때는 모임 가운데 성령님 임재와 역사가 나타나도록 다함께 기도하도록 한다.
b. 찬양 리더가 책임을 지고 찬양을 준비, 인도한다.
c. 찬양 리더가 교회의 찬양준비 모임에 참석한다.

④ 말씀 나누기
a. 자신을 감추지 말고 오픈시켜야 변화가 일어난다.
변화는 문제를 말하고 들어주는 가운데서 일어난다.
b. 구역장은 가능한 한 투명하게 자신을 먼저 드러내어야 한다.

구역원들 사이에 문제와 갈등이 있을 때는 해결될 때까지 기다린다.

c. 간증과 질문을 한다.

상식적인 대답을 하지 말고 자신의 경험을 말한다. 경험이 없으면 질문을 던져서 스스로 해결하도록 돕는다.

d. 구역장이 항상 정답을 말해 줘야 하는 것은 아니다.

구역장으로서 정답을 말해줘야 한다는 부담에서 벗어나라. 구역장은 가르치는 입장이 아니라 삶을 나눌 수 있는 분위기를 조성하는 사람이다. 구역장은 하나님 앞에서 구역원 한 사람으로 참여하라. 그리고 성령님을 전폭적으로 의지하라.

e. 비밀은 반드시 지켜준다.

나눔의 시간에 나누어지는 이야기는 비밀임을 구역식구들에게 수시로 주지시킨다. 나누어지는 얘기들을 지키는 것은 그 구역의 특권이요 구역원들의 책임이다. 그 문제를 가진 본인이 스스로 간증하기로 원할 때까지는 비밀을 지켜준다.

⑤ 합심기도

a. 나눔 시간에 나누어진 내용을 가지고 기도한다.

b. 합심기도는 모임 끝부분에서뿐만 아니라 중간에도 필요하면 얼마든지 할 수 있다.

c. 기도 응답이 있으면 간증토록 한다. 구역 식구들의 믿음을 키워주는 효과를 가져온다.

d. 전도대상자를 위해서는 반드시 기도한다.

⑥ 전도와 선교 도전

a. 구역의 궁극적인 목적인 영혼 구원이다.

b. 구역원 끼리끼리의 모임이 되지 않도록 시선을 비신자들에게 향하도록 한다.

c. 항상 빈 방석을 마련하고 각자의 전도대상자를 위하여 기도하기를 쉬지 않는다.

d. 선교지에서 온 편지를 읽고 전도와 선교보고를 한 후 중보기도를 한다.

⑦ 역할 분담

a. 구역 식구들의 각자의 섬김을 따라 역할을 분담한다.

b. 구역장 : 인도 / 총무 : 예비 구역장

c. 각 분야 담당

- 회계 담당 : 헌금 및 재정 관리
- 찬양 담당 : 찬양 인도
- 봉사 담당 : 구역 각 행사에 도우미

⑧ 소그룹 모임 내 재정 사용의 원칙

a. 총 재정의 50%는 선교와 전도비

b. 구제비 25%

c. 자체 운영비 25%

3) 소그룹 모임 후 다음 모임까지 무엇을 할까?

소그룹 모임 후에 다음 모임을 가질 때까지 소그룹 지체들은 서로 문안하는 것을 규칙으로 한다. 주중에 적어도 한 사람 이상에게 전화를 하는 것을 규칙으로 한다. 이렇게 해도 어떤 경우는 한 사람에게 여러 사람이 전화하는 경우가 생기므로 전화를 두 번 받은 사람은 두 번, 세 번 받은 사람은 세 번 다른 사람에게 전화하게 한다.

그러면 한 사람도 전화 문안을 받지 아니한 사람이 없게 된다. 전화의 내용은 문안과 격려, 서로의 기도제목을 나누거나 간증이 될 수 있다. 특히 소그룹에서 기도제목을 내어놓은 것이 응답된 경우는 다음 모임 때까지 기다리지 말고 전화로 모든 지체에게 알려 기쁨을 함께 나누고 주님께 감사하고 영광 돌리게 한다.

4. 구역 성경공부의 문제점

1) 구역 멤버들이 그룹 토의에 익숙하지 못하기 때문에 목표에 그들의 생각을 집중하여 나눔을 전개하기가 어렵다.

이것은 성경에 대하여 평소에 신자들끼리 의견을 나눈 일이 없었기 때문이다.

2) 리더의 문제이다. 소그룹 성경공부의 원활함은 리더에게 달려 있다.

리더의 영적 성숙도, 지도력, 헌신, 준비 정도에 따라 역동적이고 생명력이 넘치는 소그룹이 될 수도 있고, 무미건조하고 형식적인 소그룹이 될 수도 있다. 리더가 자기 역할을 제대로 감당하지 못하면 문제가 심각해지는 것이다. 또 리더는 언행, 즉 겉과 속이 일치하는 삶을 살기로 할 때만이 진정한 리더라 할 수 있다. 많은 리더들이 구성원들에게 자신을 따르라고 하면서 자신은 하나님을 따르는 생활을 하지 못하고 있다.

3) 대화식 성경공부방법은 지도자가 목회자일 경우에 모두가 함께 토론에 참여함으로써 성경 해석자로서의 목회자의 권위가 침해를 받는 느낌을 갖게 될 수 있다.

5. 소그룹 의사소통 방법

| 말씀읽기 |

진실한 입술은 영원히 보존되거니와 거짓 혀는 잠시 동안만 있을 뿐이니라(잠 12:19)

'너 – 메시지'
'너'는 조용히 들어야 해.
'너'가 즉시 낭비하는 것을 그만 두지 않으면...

'나 – 메시지'
네가 조용하지 않고 뛰어다니면 '나'는 다른 학생들에게 가르칠 수 없어서 답답하다.
네가 그렇게 종이와 풀을 낭비하면 '나'는 재료가 모자랄까봐 걱정이 된다.

1) 의사전달의 효과적인 방법이 있다.

의사소통은 건전한 인간관계, 건전한 가정, 건전한 교회를 위해서 필수적이다. 이것은 소그룹에서도 역시 마찬가지다. 하나님과 다른 사람들과의 적절한 의사소통이 없이는 그룹이 침체되거나 피상적인 모임이 되고 말 것이다.

① 하나님과 그룹과의 의사소통이다.

하나님께서 그 그룹을 향한 뜻이 무엇이며, 무엇을 요구하시는지 하나님의 음성을 듣기를 원한다. 이러한 면에서의 의사소통은 그룹모임의 성경공부와 묵상을 통해서 이루어지게 된다. 또한 하나님의 말씀을 들을 뿐만 아니라 그룹은 그분에게 응답한다. 이러한 면에서의 의사소통은 그룹모임의 찬양, 기도 등을 통해서 이루어지게 된다.

② 그룹의 구성원 간의 의사소통이다.

구성원들이 서로 사랑과 돌봄으로 진실을 말한다면 그리스도 안에서 자유와 기쁨을 경험하게 되고 모임이 피상적이고 위선적으로 되는 것을 피할 수 있다.

③ 그룹과 세상과의 의사소통이다.

죽어가는 세상에 복음의 메시지를 전하는 것은 믿는 자들의 책임이다. 그룹은 말 또는 행동으로 복음의 진리를 선포해야 한다.

2) 나눔식 방법이 있다.

리더는 자신의 목적을 달성하기 위해 소그룹 멤버들로 하여금 서로가 대화를 할 수 있는 분위기를 만들어 줌으로써 모임이 올바로 진행되도록 해야 한다. 이 소그룹을 인도할 때 강의형식은 배제시켜야 한다. 이것은 리더자가 자신의 실력과 경험으로 구성원들을 변화시킬 수 있다고 여기는 데서 비롯된다. 소그룹 환경에서는 리더의 권위가 강할수록 그룹 멤버들의 자유는 작아지고 그룹 다이나믹스가 원활히 생기지 못한다. 이 소그룹에서는 대화를 통하여 실마리를 풀어야 한다.

① 대화의 세 가지 요소

a. 사랑의 요소

사람의 몸에 피가 필요하듯이 대화에서 사랑이 필요하다. 마치 피가 사람의 육체를 형성하는 요소를 제공하는 것과 마찬가지로 대화를 통하여 나누어진 사랑은 그리스도의 몸을 건설하는 데 있어서 생명력을 불어넣는 힘을 가져다 준다. 이 사랑은 그룹 내 구성원 중 상처난 사람을 치료하고 생명력을 가져오게 한다.

b. 정직의 요소

정직은 단순히 개인적인 인간성의 자발적인 노출이다. 소그룹에서 대화로 나누어진 그리스도인의 사랑은 지식을 완화시키거나 환경을 제공함으로써 소그룹 모임에서 이 정직성은 가장 극적인 효과를 나타내는 경우가 많다.

c. 신뢰의 요소

신뢰는 대화에 있어서 가장 기초적인 요소이다. 신뢰 없는 그룹의 만남은 단지 하나의 게임에 지나지 않는다. 신뢰는 강제로 되지 않으며 시간과 인내력 속에 개발되어야 한다.

② 나눔의 필수 요소 7가지

리더가 너무 많은 이야기를 하나 지나치게 너무 많은 것을 제시하려 한다면 효과적인 소그룹 운영이 될 수 없다. 주일학교 학생들이 흥미를 느끼지 못하는 활동이 분반공부 시간이라고 하는데 그 이유는 선생님이 너무 말을 많이 하기 때문이라고 한다.

a. 남의 말을 들어주어라.

b. 있는 그대로 받아들이고 그를 세워주어라.

c. 사랑 안에서 진리를 말하라.

d. 사랑과 선행을 격려하라.

e. 솔직한 의사소통을 하라.

f. 화해를 주도하라.

g. 모든 구성원들을 참여시키라.

구역장 자신이 먼저 이야기하자. 종종 우리는 자신이 먼저 이야기하기보다는 다른 사람에게 질문하려고 하는 실수를 범한다. 여러분이 먼저 자신의 개인적인 것들을 이야기함으로써 구성원들 사이에 신뢰가 쌓이게 된다.

③ 나눔식 모임의 유익

a. 소그룹 내에 있는 멤버들끼리 상호관계가 든든해 질 수 있다.
서로간의 진실을 발견하게 되고 단지 말할 수 있는 기회뿐만 아니라, 서로의 삶을 나눌 수 있는 기회를 포착하게 된다.

b. 소그룹 안에서 대화식 인도를 통해 자기 판단, 결정을 도와줌으로써 상대방이 신뢰하고 있는 바를 우리가 이해할 수 있게 한다.

c. 이 대화를 통해 교회제도와 생명력 사이에 존재하는 긴장감을 완화시켜 준다.

효과적인 대화는 단순히 메시지의 나눔을 의미하는 것이 아니라 생명의 나눔임을 리더는 분명히 인식해야 한다.
소그룹에서 서로를 드러내기 위하여 첫째, 서로에게 관심을 가지고 알아가자. 둘째, 그룹원들 사이에 깨지지 않을 신뢰를 쌓아가자. 그러기 위해서는 그룹원들의 개인적인 일들은 비밀이 보장되어야 한다. 셋째, 서로의 짐을 나눠지자. 넷째, 서로에 대해 책임감을 가지자.

④ 닐 맥브라이드의 나눔의 4단계

a. 자신과 상관이 없는 일반적인 내용을 이야기하는 단계
b. 자신과 관계된 문제를 말하지만 자기의 감정을 드러내지 않는 단계

c. 자신과 관계된 중 사실적인 요소들만 이야기하는 단계

d. 개인적인 문제와 내면의 감정까지 이야기 하는 단계

TIP | 듣는 법을 배우라

1. 눈을 보면서 들으라. 그렇다고 뚫어지게 쳐다보지는 말라.
2. 관심을 보여 주고 가끔씩 문제를 분명히 하는 질문들을 하라.
3. 말로 표현하지 않은 의중을 읽으라.
4. 말 뒤에 담긴 느낌들에 귀를 기울이라.
5. 딴 생각 하지 말고 집중하라. 말하는 사람의 궤도를 이탈하지 마라.
6. 반응을 보이면서 들으라. 고개를 끄덕이는 것, 의견을 한마디 덧붙이는 것 등 말하는 사람들이 당신이 듣고 있다는 것을 느낄 수 있도록 반응을 보이라. 미소도 잊지 마라.

3) 질문식 방법이 있다.

소그룹 모임에서 리더가 소그룹을 인도할 수 있는 방법은 나눔식 방법과 더불어 질문식 방법이 있다. 물론 이 두 가지 유형이 각자 따로 분리된 것은 아니다. 유능한 리더는 그룹 멤버들로 하여금 그들 스스로 성경의 진리들을 발견하도록 도와준다.

그러므로 리더는 적절한 질문들을 만들고 사용할 줄 아는 능력을 기를 필요가 있다. 리더는 멤버들이 공부한 것으로부터 새로운 것들을 찾아낼 수 있도록 돕는 질문들을 준비해야 한다. 리더의 질문 하나로 인해

그룹 멤버들은 긴장하게 되고 모임에 집중하게 되는 효과가 있다.

그리고 상호간 부담 없는 대화에 동참하는 분위기가 조성된다. 그러므로 리더의 질문의 질은 소그룹 운영에 있어서 매우 중요하다. 좋은 질문은 자발적인 토의를 불러일으키고, 의욕적이고 적극적이며 창조적인 학습을 유도하기 때문이다.

① 질문의 형태

a. 유도질문

예) '바울은 우리가 항상 기뻐해야 할 것을 말합니다. 그렇지 않습니까?'

이런 유형의 질문은 강의를 위해서는 좋다. 그러나 어떤 대답을 필요로 하지 않기 때문에 대화를 멈추게 할 수 있다. 이런 질문은 그룹 멤버들이 개방적인 질문에 대한 대답을 하지 못하는 상황 속에서 최후의 수단으로 사용해야 한다.

b. 제한적인 질문

예) '이 구절에서는 세 가지 정도의 진리를 말하고 있는데 그 세 가지 교훈이 무엇일까요?'

이런 유형의 질문도 대화 가치가 떨어진다고 할 수 있다. 왜냐하면 리더 자신이 질문하기 전에 이미 질문에 대한 답을 갖고 있기 때문에 그룹 멤버들은 긴장하게 되고 잘못 말하게 되면 당하게 될 수치심 때문에 개방적인 대답을 회피하게 된다.

c. 개방적인 질문

예) '이 구절에서 우리가 발견할 수 있는 사도바울의 의도는 무엇입니까?'

이 유형의 질문은 토의할 여지를 많이 내포한다. 질문에 대한 답이 제한되어 있지 않기 때문에 자유로움 가운데 그룹 다이나믹스가 발생할 가능성이 많다.

예) 마태복음 16:13~17, 21~26

· 닫힌 질문

- 질문 : 예수님께서 제자들에게 요구하신 것은 무엇입니까?

- 답 : 24절

· 열린 질문

- 질문 : 예수님께서 제자들에게 "아무든지 나를 따라오려거든 자기를 부인하고 자기 십자가를 지고 나를 좇을 것이니라"(24절)라고 말씀하신 의미는 무엇이라고 생각하십니까?

d. 확대 - 개방형 질문

예) '잘 대답해 주셨습니다. 또 다른 생각들이 있습니까?'

이 유형의 질문은 몇몇 그룹 멤버가 말하거나 대답하거나 질문한 후에도 그룹 멤버들의 계속적인 토의를 유도하게 된다.

② 질문을 사용하는 방법 - 리더 주도의 질문

실제적인 그룹 대화에서 '그룹 멤버 3~4명만 말하고 질문하며 나머지는 침묵을 지킬 때 어떻게 해야 될까?' 하는 문제에 대해 리더는 토의를 조정하고 유도하는 좋은 질문법을 사용해야 할 것이다.

- 단순한 질문 : 고향이 어디니?
- 위협적이지 않은 질문 : 이 본문에서 제일 도전이 되는 말씀은?
- 생각을 유도하는 질문 : 우리 모임에 처음 왔을 때 어떤 생각이 들었니?
- 자극 주는 질문 : 우리 모임이 더욱 견고해지기 위해서 어떤 방법들이 있나?

③ 묻지 말아야 할 질문

a. 기관총처럼 한꺼번에 여러 가지를 묻는 질문

· 질문 : "예수님이 제자들에게 자신을 누구라고 생각하느냐고 물은 이유를 세 가지말하고 여러분이 만일 예수님의 제자라면 예수님의 질문에 어떻게 대답할지 말해 보십시오."

· 문제점 : 하나의 질문처럼 보이지만 사실은 하나 이상의 질문을 포함하고 있는문장입니다. 요점이 명확하지 못하고 함께 나눌 수 있는 질문이 못됩니다. 질문의 연결고리와 관련된 사항이 너무 복잡하면, 사람들은 혼란스러워 합니다.

b. 자신의 지식으로도 이해하기 힘든 질문

· 질문 : 유일신 교리와 삼위일체에 대한 베드로의 고백의 신학적인 의미는 무엇인가? 그리고 그것이 존재론적 논점에서 의미하는

것은 무엇인가?

· 문제점 : 이것은 신학대학교 교수 모임을 제외하고는 대부분의 소그룹 모임에서는 대답하기 힘든 질문입니다(이런 질문은 명확하지도, 일관적이지도, 명료하지도, 창의적이지도 못합니다). 이런 식의 질문은 하지 마십시오. 또한 여러분은 이해하고 있더라도 그룹원 대부분이 이해하기 힘들다고 생각되는 질문은 깊이 생각해 본 후 하십시오.

c. 무슨 말을 하는지 모르는 질문

· 질문 : "여러분이 선한 고백만을 되풀이 했을 때, 어떤 느낌을 받았습니까?"

· 문제점 : 전혀 고려할만한 질문이 아니며, 분명하지도 못합니다. 구성원들이 모두 선한 고백만을 되풀이하고 있습니까? 그렇다고 하더라도, 만일 여러분의 그룹이 생긴지 얼마 되지 않았다면 이런 질문은 너무 이른 질문일 수 있습니다.

d. 시험문제 같은 질문

· 질문 : "예수님께서 질문을 했을 때 그분이 원하시던 세 가지 행동은 무엇입니까?"

· 문제점 : 이것은 토론할만한 질문이 아닙니다. 하나의 정답을 찾는 시험 문제일 뿐입니다. 또한 완전한 질문이 아닙니다. 예수님이 원하시는 태도가 무엇인지 어느 누가 정확하게 알겠습니까?

e. 혼란스러운 질문

· 질문 : 베드로가 예수님의 질문에 답할 때 요한의 마음에는 무엇이 일어났습니까?

· 문제점 : 도대체 누가 사도 요한의 마음을 알겠습니까? 이것은 불완전하고 도전적이지 못합니다. 이 질문은 이렇게 바꾸어 질문해야 합니다. "만약 여러분이 사도 요한이라면, 베드로의 대답을 듣고 무슨 생각이 들었을까요?"

④ 소그룹 모임 진행의 난점을 극복하는 법

a. 입이 무거운 그룹 멤버들이 많을 때

이때 리더는 당황한 표정을 지어서는 안된다. 리더는 다른 방법으로 다시 한 번 더 질문을 해 보도록 한다. 또 반응이 없으면 답을 잘 할 수 있는 사람에게 지명 질문을 할 수도 있다.

b. 말이 많은 그룹 멤버가 있을 때

그룹 멤버 한 명이 많은 말을 하게 될 때, 다른 그룹원들은 침묵하게 되어 대화가 제대로 이루어지지 않게 된다. 이 때 리더는 그 그룹원에게 상처가 되지 않도록 말을 끝내도록 유도해야 할 것이다.

c. 대화가 주제에서 벗어날 때

대화가 일단 원 주제에서 벗어나면 돌이키기가 어렵다. 그러므로 대화가 주제에서 벗어나지 않도록 리더는 더욱 힘써야 한다.

d. 리더가 대답하기 어려운 질문을 받을 때

대답하기 어려운 질문을 리더가 받을 때, 리더는 솔직함을 보여야 한다. 아는 체하기보다는 "잘 모르겠습니다. 이 질문에 대해서 제가 알아보고 다음시간에 말씀 드리겠습니다"라고 하여 정직한 면을 보여 주어야 한다.

TIP | 마음을 끄는 질문

1. 토론을 이끌어 내는 '열린 질문'의 예
~에 대해서 여러분은 어떻게 느낍니까?
~에 관련된 여러분의 경험을 나누어 봅시다.
~라면 여러분은 어떻게 하겠습니까?
여러분은 왜 그렇게 느낍니까?

2. 한 가지 대답만을 이끌어내는 '닫힌 질문'의 예
~에 대해서 이 본문은 뭐라고 말하고 있습니까?
이 본문의 내용에 여러분은 동의합니까?

6. 소그룹 운영 시 문제 해결 방법

1) 소그룹 자체 문제들이 있다.

① 모임이 활기를 잃고 탈락하는 사람이 생기기 시작할 때, 소그룹 사역에 정말로 어려운 것은 피로감이다.

소그룹 모임이 매주 계속되는 과정에서 흥미는 점점 떨어지고, 출석률 역시 점점 줄어들고 있다. 구성원들은 그들이 어디로 가고 있는지, 그들이 무엇을 하는지 알고 있는 것 같지 않다. 이런 문제는 그 소그룹에 목적이 없고, 끝마치는 날짜가 정해지지 않았을 뿐만 아니라 소그룹의 생명주기를 전체적으로 감지하지 못하기 때문에 발생하게 된다.

소그룹 모임이 지속되기를 원한다면 장거리 여행을 시작하기 전에 새로운 언약을 맺고 그룹을 위한 기본 규칙을 설정하는 것이 필요하다. 그리고 자신들이 서로의 팀웍을 견고하게 해야 할 탄생 시기에 놓여있는지, 아니면 보다 심도 깊은 말씀 공부를 통해 성장을 향해 줄달음쳐야 할 시기인지, 그것도 아니면 함께 공부를 하는 정적인 모임보다는 교회나 지역사회가 요청하는 봉사에 구체적인 헌신을 해야 할지를 결정해야 하는 것이다. 그리고 무엇보다 중요한 것은 구성원들이 재탄생과 확장이라는 임무가 자신에게 주어져 있음을 기억하게 해야 한다.

② 소그룹으로 모일 때마다 자기 문제들로 모임 전체의 분위기를 흔들어 놓고, 한 번 마이크를 잡으면 놓지 않는다.

계속해서 정리가 되지 않는다면 모임이 끝난 후에 그 사람에게 소그룹의 목적 등 '기본 규칙들'을 재확인시켜 주고 다음 순서를 진행해야 함을 말할 필요가 있다. 만일 그 사람이 끝까지 자기 고집을 굽히지 않으면 교회의 소그룹 지도자에게 모임에 참석해 문제를 관찰해 줄 것을 부탁한다.

③ 말하기 어려운 특수한 문제를 다루거나, 나누는 이야기들 속에 비밀이 새어나가면 곤란할 상황이 발생할 때 가장 중요한 자세는 '당연한 요청'을 받는 자세로 임해야 한다.

소그룹 인도자가 확실한 경계선을 가지고 토의 중에 그 선을 넘지 않도록 영적 통찰력을 가지고 소그룹을 진행하는 것이 중요하다.

④ 몇 달이 지났는데도 소그룹 멤버들이 잃어버린 영혼들에 대한 감각과 열정이 거의 가지고 있지 못하는 경우가 있다. 게다가 몇몇 사람은 아예 성장하기를 원하지도 않는다.

이런 문제들을 해결하기 위한 방법은 시작할 때부터 빈자리를 두고 소그룹으로 모였을 때마다 그 의자에 누군가가 와서 앉아 기도하도록 유도하고, 소그룹 구성원의 수가 점점 늘어나게 되었을 때 자연스럽게 분가하는 것이다.

⑤ 새로운 사람이 소그룹에 들어왔을 때 어떻게 할 것인가? 새롭게 참석한 사람들은 성경을 좀 아는 사람들일 수도 있고, 기독교에 대해서 전혀 문외한인 사람일 수도 있다.

나눔 위주의 소그룹은 좀 더 현실적인 문제을 가지고 나눈다. 만약 성경공부의 소그룹이라면 진행하는 공과를 멈추고 좀 더 쉬운 공과를 몇 주 동안 사용하는 것이 좋다. 단 일방 통행식으로 진행하지 말고 쌍방 통행식 성경공부로 진행하는 것이 매우 좋다.

TIP | 주위가 산만해 지는 것을 방지하기

1. 전화기는 진동으로 맞추었는가?

2. 방 안의 온도는 적당한가?

3. 좌석은 원으로 배치되어 있는가?

4. 방의 조명은 적당한가?

5. 찬송악보와 성경은 충분한가?

6. 간식은 준비되어 있는가?

7. 전화기는 진동으로 맞추었는가?

8. 방 안의 온도는 적당한가?

9. 좌석은 원으로 배치되어 있는가?

10. 방의 조명은 적당한가?

11. 찬송악보와 성경은 충분한가?

2) 소그룹 멤버들의 문제가 있다.

김수다

그는 너무 말이 많다. 어떤 때는 앞뒤가 맞기도 하지만 보통은 핵심이 없고 피상적인 말만 한다. 흥분해 있을 때는 혼자 모임을 주도하는데, 그럴 때는 다른 사람들은 조용해지거나 딴 생각에 빠진다.

해결책 : 중심이동, 개인적인 충고, 다른 사람들도 참여할 수 있도록 도움 요청

서봉창

봉창이가 하는 말은 토론 주제와 무관한 것이 많아 주제를 산만케 하거나 짜증 나게 만드는 경우가 다반사이다.

해결책 : 주제에서 벗어난 토론을 적극적으로 제지하라.

왕뺀질

모든 일에 '예'라고 대답한 적이 거의 없다. 항상 "글쎄, 아니오, 난 못 해요, 시간이 없어서, 내 스타일이 아니라서...." 등의 말로 대답한다.

해결책 : 관심이 있는 일을 위임한다.

끝순이

끝순이는 왜 항상 늦는 것일까? 변명도 하고 기상 천외한 핑계를 댄다. 다시는 늦는 일이 없을 것이라고 약속도 했다. 그래도 늦는다.

해결책 : 모임 밖에서 혹은 모임 중에라도 그에게 분명하게 말해 주라

고요순

고요순은 너무나 조용해서 살았는지 죽었는지 헷갈릴 때가 있다. 그녀의 침묵은 모임이 하나 되는 데 큰 걸림돌이 된다.

해결책 : 참여하도록 독려하라. 직접적인 질문을 하라

최교리

그는 자신이 신학적 정답을 모두 알고 있다고 확신하고 있다. 때문에 다소 논란의 여지가 많은 주제들에 대해서까지도 강경 입장을 고수하고 있다.

해결책 : 겸손을 가르쳐라. 함께 배워가는 과정을 인식시켜라

7. 소그룹 리더를 위한 몇 가지 조언

1) 소그룹 리더는 가르치려 하지 말고 섬기려 해야 한다.

물론 성경공부를 하게 된다든지 하는 경우 가르치는 면도 없지는 않으나 기본적인 자세와 역할은 가르치는 자가 아니라 섬기는 자여야 한다. 사랑하고 격려하고 섬기는 자로 서야 한다. 소그룹 모임 안에서는 모두가 주님께 배우며 서로가 서로에게 배우는 것이고, 누가 일방적으로 가르치는 관계가 아니다. 더불어 배우고 성장한다.

2) 소그룹 리더는 정직하고 솔직하게 자신을 오픈할 줄 알아야 한다.

소그룹 리더는 먼저 하나님과 자신에게 그리고 공동체에게 정직하고

솔직하게 자신을 오픈할 줄 알아야 한다. 리더가 자기를 열지 않고 모두 잘하는 체하면서 지체들이 각자 자신을 열 것을 기대할 수 없고 서로 열지 않고는 하나 되는 경험을 할 수 없다. 리더는 모르는 것은 모른다고 하고 연구하는 자세로 임하고, 잘못한 것을 잘못했다고 사과하고 교정하며 실패는 실패한 것으로 고백하고 격려를 받아야 한다.

소그룹 모임에서는 서로가 서로에게 열어야 하고, 열었을 때는 있는 그대로 인정하고 받아 주고 서로 격려하고 세워 주어야 한다. 그 모임에 완전한 사람은 아무도 없기 때문이다. 소그룹 모임은 무엇보다도 있는 그대로 받아들이고 서로 세우고 격려하는 것이 축복이다. 그렇게 하려면 리더가 먼저 솔직하게 열어가고 열린 허물은 서로 덮어 가는 것이다.

3) 소그룹 리더는 열린 질문을 잘 활용해야 한다.

소그룹 리더는 지체들이 모든 토론에 참여하고 나눔에 참여하고 서로의 생각과 마음을 나누게 하기 위하여 열린 질문을 사용하고 닫힌 질문은 적게 사용하여야 한다.

닫힌 질문이란 한 사람이 정답을 말하면 더 이상 말할 것이 없는 질문을 말하고, 열린 질문이란 사람마다 다른 대답을 할 수 있는, 생각이나 느낌이나 경험을 나눌 수 있는 질문이다. 성경공부 중 처음 정보자로서 성경 지식을 정리할 때는 닫힌 질문을 할 수 있지만 소그룹 모임에서 중요한 것은 각자가 말씀에 응답하고 적용하고 순종하는 것이 중요하기 때문에 열린 질문으로 토론하고 나누고 고백하고 다짐하게 하는 것이 중요하다.

4) 소그룹 리더는 소그룹원들을 말하게 해야 한다.

소그룹 리더는 자신이 말하기 보다는 소그룹원들이 말하게 하여야 한다. 소그룹원 전원이 골고루 토론에 참여하고 나눔에 참여하고 자신을 열고 나누고 서로 격려하게 인도하여야 한다. 이를 위하여 리더가 말을 다하지 말고 토론을 이끄는 자로 있어야 한다. 설교하려 해서는 안된다. 또한 이야기를 독점하려는 사람을 적절히 절제시키고 말이 없는 사람들에게는 적절한 질문을 던져서 말을 하도록 해야 한다.

5) 소그룹 리더는 말하는 자로 서기 보다 듣는 자로 서는 게 좋다.

리더는 적게 말하면서 지체들이 많이 말하게 하되 리더는 잘 듣는 자가 되어야 한다. 지체들의 반응을 깊이 분석하면서 적극적으로 진지하게 듣고 지체들을 깊이 이해하고 반응하고 동감하고 동정하고 필요한 격려를 주는 자가 되어야 한다. 말하는 지체의 표정과 몸가짐도 살피며 말 속의 말을 들으려고 노력하고 말 밖의 말도 들어야 하고 잘 듣는 리더가 되면 지체들을 격려하고 섬길 수 있게 된다.

선불리 조언하지 말고 잘 들으며 대답도 리더가 혼자 다 하는 것이 아니다. 잘 듣고 요지를 정리하여 지체들이 생각하고 대답을 끌어낼 수 있어야 한다. 누가 나눌 때 어려워하거나 상한 마음을 말할 때는 우선 그 감정까지도 받아주어야한다. 리더는 격려의 말을 잘 하도록 늘 격려의 사명을 생각하고 행하여야 한다.

① 대화에 참여하도록 자극하기

· 그룹원들을 향해 열린 몸짓을 유지하라(팔짱을 끼거나 다리를 꼬지

말라).

· 말하는 사람에게 관심을 보이듯이 앞으로 몸을 기울여라.

· 말하는 사람에게 동의를 보이듯이 머리를 끄떡이고 미소를 지으라.

· 말이 없는 사람을 격려하고, 격려하기 위해 정확히 눈을 마주치라.

6) 소그룹 모임에서는 부정적인 이야기는 걸러 내도록 하여야 한다.

자신의 고백을 제외하고 다른 사람의 험담이나 교회에 대한 부정적 평가나 불만을 토로하는 장이 되지 않도록 하여야 한다. 긍정적인 이야기의 장이 되고 서로 교정하고 서로 격려하여 세워가는 장이 되도록 인도하여야 한다.

7) 소그룹 리더는 성령의 인도하심을 의지하도록 하여야 한다.

소그룹 리더는 지식과 경험으로 인도하는 것이 아니라 기도하여 성령의 인도하심을 받아 성령을 모임 가운데 모셔야 한다. 성령이 스승이 되도록 인도해야 한다.

| 핵심포인트 |

한 인간으로 어떤 사람이 되느냐 하는 문제는 소그룹을 얼마나 능력있게 지도하느냐 하는 문제보다는 더 우선적이고 중요한 문제인 것이다. 소그룹의 승패는 소그룹을 인도하는 리더에게 달려있다. 그러므로 리더가 갖추어야 할 자질이 무엇인지 살펴보는 것은 아주 중요하다.

좋은열매 | Good Fruit

1. 오늘 나에게 은혜와 도전이 되는 말씀과 실천사항을 나누어 보자.

은혜와 도전이 되는 말씀	구체적인 실천사항

2. 자신이 참여하는 소그룹에 대해 자랑하는 시간을 가지자.

3. 내가 속해 있는 소그룹의 성장을 위해 해야할 것들은 무엇인가?

4. 다함께 합심기도로 마무리하자.

   1) 교회 대그룹 모임과 소그룹 모임이 균형있는 성장과 활성화가 되게 하옵소서.

   2) 소그룹 리더의 역할을 충실히 감당하게 하옵소서.

   3) 우리 구역이 서로 사랑하고 섬기며 세우는 건강한 모임이 되게 하옵소서.

08 새신자, 주님의 제자로 삼으라

"새신자는 교회의 필요에 의해 교회를 채워주기 위해 교회에 오는 것이 아닙니다. 그들의 필요에 의해 교회에 나오기 때문에 그들의 눈높이에서 환대하며 양육해야 합니다."

| 말씀읽기 |

네가 많은 증인 앞에서 내게 들은 바를 충성된 사람들에게 부탁하라 그들이 또 다른 사람들을 가르칠 수 있으리라(딤후 2:2)

좋은씨앗 | Good Seed

어느 목사님이 냉면이나 먹을까 하고 음식점을 찾던 중에 한 근사한 음식점을 발견하였습니다. 음식점에 들어서자마자 나비 넥타이를 맨 종업원 2명이 달려나와 차 문을 열어주며 "사장님, 어서 오십시오." 하고 맞아 주었습니다. 자리에 앉으니 여종업원이 육수와 물수건을 제공하며 주문을 받았습니다. 이쯤되자 목사님은 이런 곳에서 냉면 한 그릇만 주문하는 것이 쑥스럽게 느껴지지 시작했습니다.

"저.....냉면 한 그릇 주세요." 하는 목사님의 주문에 종업원의 안색이 달라질 줄 알았는데 그러기는커녕 "알겠습니다. 사장님, 무슨 냉면으로 하실까요?" 하면서 연신 미소를 잃지 않았습니다. 그리고 냉면이 나오자 옆에 서서 식초와 겨자를 따라주며 가위로 면발을 정성껏 잘라주었습니다(맛은 또 얼마나 좋던지!). 냉면을 다 먹고 나자 과일 한 조각과 사탕, 이쑤시개 등이 따라 나왔습니다.

음식값으로 4,000원을 내고 나오려니 목사님은 미안해서 얼굴이 후끈거렸습니다. 값을 지불하고 나오자 이미 자신의 차가 문 앞에 대기되어 있었습니다. 차를 몰고 나오는데 백미러로 보니 "안녕히 가십시오. 사장님" 하며 90도로 굽혀져 있는 종업원들의 허리가 펴질 줄 몰랐습니다.

1) 그 후에 이 목사님은 일가족 전체와 함께 다시 이곳에 와서 소갈비를 드셨다고 한다. 그 이유는 무엇이라고 생각하는가?

2) 우리 구역이 어떤 환경이면 새신자들이 잘 정착하겠는가?

1. 새신자란 누구인가?

| 말씀읽기 |

내가 너희에게 이르노니 이와 같이 죄인 한 사람이 회개하면 하늘에서는 회개할 것 없는 의인 아흔아홉으로 말미암아 기뻐하는 것보다 더하리라(눅 15:7)

일반적으로 사용되는 '새신자'라는 명칭은 정확한 대상을 지칭하는 개념이라기보다는 포괄적인 개념이다. 사전적인 의미를 따라간다면 '새신자'는 기독교 신앙에 처음 입문한 사람을 의미하는 단어이다. 때로는 '기독교 신앙을 처음 갖게 된 자', '예수 그리스도를 이제 막 영접한 영적 갓난아이' 등의 의미로 사용되기도 하고, 교회에 처음 등록한 사람을 지칭하기도 하며 타 교회에서 신앙생활을 잘하다가 옮겨 온 기성 신자까지를 포함하여 사용하기도 한다.

1) 새로 믿는 새신자로 생애 처음으로 교회에 출석하고 예수 믿는 사람들을 의미한다.

교회와 신앙의 경험이 전혀 없는, 처음으로 교회에 발을 들여 놓은 사람을 말한다. 이러한 사람은 그야말로 기독교의 가장 초보부터 가르쳐야 한다.

2) 이동하는 기존 신자로 타 교회에 출석하다가 다양한 요인으로 인하여 교회를 나온 사람들이다.

3) 비활동적인 신자(The Un-chueched)로 교회를 다니다가 쉬고 있던 사람들이다.

이는 과거에 신앙생활을 하다 타락하였다가 다시 결심하고 신앙을 재출발하는 사람으로 과거의 신앙경험이 있으므로 지도상 크게 문제되지 않는다. 잘 붙잡아 주기만 하면 된다. 이들의 특징은 교회에 소속되어 있는 신자들보다 더욱 염세적이고 무법적이며, 절망적이라는 것이다. 활동적인 교회생활에서 떨어져 나간 순간부터 그들에게는 '제명자', '무감각자', '탈락자', '교회에 속하지 않는 자'라는 이름의 주어진다.

교회는 이 '잃은 영혼들'을 다시 찾는 것을 목적으로 삼지만 현대와 같은 후기 산업사회에서 용이한 일은 아니다. 이들 '보이지 않는 교회'를 무시하면 복음화되어야 할 사람을 영원히 교회로부터 멀어지게 하는 결과가 초래된다. 그래서 이상의 전체를 지칭하여 새신자라고 한다면 셋째 부분의 사람을 가리켜 '초신자'라고 보는 것이 타당하다.

또한 성경적인 내용을 염두에 두어 볼 때 사도행전에서의 '처음 믿는 신자'란 말로서 생애 처음으로 예수 그리스도를 믿고 교회에 출석하는 사람들을 의미하며, 예수 그리스도의 복음으로 인하여 구원받은 존재로 이해하고 있다. 그러나 '처음 교회에 출석하는 사람'이든, '타 교회에서 옮겨 온 신자'이든, '신앙을 잃었다가 재등록한 신자'이든, 어떤 종류의 사람이든지 관계하지 않고 '개교회에 처음 등록하여 나온 사람'을 새신자로 정의하여 사용하고자 한다.

2. 왜 등록만 하고 슬그머니 사라질까?

| 말씀읽기 |

내게 줄로 재어 준 구역은 아름다운 곳에 있음이여 나의 기업이 실로 아름답도다(시 16:6)

일반적으로 새신자는 등록에 비해 정착률이 낮다. 통계에 따르면 성인 200명 출석 교회의 경우, 1년에 성인 출석수의 30% 정도가 등록하며, 정착률도 등록수의 30%를 넘지 못한다. 즉, 성인 200명이 출석하는 교회는 매년 60명이 등록하여 약 20명 정도만 정착하는 셈이다. 그것도 정상적인 교회일 경우다. 이제 전도만 강조할 것이 아니라 새신자 정착과 양육에도 관심을 쏟아야 한다.

1) 새로 오는 교인들을 관리하는 부서가 없다.

새신자부가 없으니 자연 양육위원도 없을 것이고 새신자 예배는 상상도 하지 못한다. 그저 전통적 목회로 목회자와 구역장이 심방하는 것이 전부이다. 이렇게 조직적 관리가 되지 않으니 교회 안에 새신자가 정착했는지 나갔는지 조차 모르게 된다.

2) 새신자에 대하여 무관심하다.

남녀 전도회도 있고 제직들도 있지만 '유유상종'이라고 끼리끼리만 어울리며 새신자에 대해 무관심하니 당연히 새신자는 소외감을 느낄 수밖에 없다. 비슷한 직종이나 나이 혹은 고향이 같은 사람 4~5명이 새신자 주변에 연결되어 있으면 그 정 때문에라도 쉽게 떠날 수 없다.

3) 기독교 문화가 낯설다.

새신자는 예배나 기도, 그리고 설교와 교회 의식 등 모든 것이 생소하다. 하지만 친근하게 설명해 주거나 가르쳐 주는 이가 없으니 늘 '개밥에 도토리'처럼 교회에 다니다가 소문도 없이 떨어져 나가고 만다.

4) 기존 신자들이 마음문을 열지 않고 폐쇄적이다.

비록 전입 신자라 할지라도 기존 신자들이 어울려 주지 않고 기존파끼리만 뭉쳐 다니고 사역의 능력과 효율성보다는 먼저 왔다는 기득권으로 자리에 연연하는 모습을 보이면 새신자는 낙심하게 된다.

5) 교회의 분열과 불신 풍조 때문이다.

교회가 뒤숭숭하고 무슨 파로 나뉘어 다툼을 벌이고 뒤에서 목사를 비난하면 '고래 싸움에 새우 등 터진다.'고 새신자는 교회에 환멸을 느끼고 떠난다.

6) 사람의 활용 가치를 보고 차별적 대우를 하기 때문이다.

사회에서는 나에게 득이 되는지 해가 되는지를 빠르게 계산하여 인간관계를 결정한다. 그러나 교회의 존재 목적은 영혼을 구원하는 데 있다. 영혼의 가치는 세상의 가치 척도로 헤아릴 수 없다. 그러므로 세상의 가치관으로 사람을 차별하는 것은 교회 본질을 훼손시키는 결과를 낳게 된다. 각자의 형편과 처지는 다르더라도 모두가 주님 안에서 거듭난 새

생명임을 확인시켜 주어야 한다.

7) 교회 시설이 열악하거나 새신자를 위한 프로그램이 전무하기 때문이다.

개척 교회나 상가 임대 교회는 전입 신자들마저도 부담을 느끼고 등록을 주저하게 만든다. 또 주차장이 부족하거나 자녀들을 위한 교육 공간이나 교육 시스템이 제대로 갖추어져 있지 않으면 기대치가 떨어지기 때문에 소리 없이 떠나게 된다.

3. 새신자 양육의 필요성

어린아이가 태어나면 자연스럽게 양육을 요구하듯이 교회 공동체 안에 들어온 새신자도 양육을 필요로 하게 된다. 영혼을 그리스도에게로 인도하는 것도 중요하지만 바르게 성장해서 그리스도의 제자로서 삶을 살아가도록 하는 것은 더욱 중요하다. 빌리 그래함 목사는 그리스도를 믿는 결심은 5%에 불과하고 95%는 양육과 훈련에 달려 있다고 하였다. 따라서 다음과 같은 새신자 교육의 필요성을 밝히고자 한다.

1) 사탄의 유혹과 시험에서 보호할 수 있다.

| 말씀읽기 |

근신하라 깨어라 너희 대적 마귀가 우는 사자 같이 두루 다니며 삼킬 자를 찾나니 너희는 믿음을 굳건하게 하여 그를 대적하라 이는 세상에 있는 너희 형제들도 동일한 고난을 당하는 줄을 앎이라(벧전 5:8~9)

새신자는 성숙한 그리스도인들보다 사탄에게 더 쉽게 속는다. 사탄의 속임수에 대항하여 승리할 수 있는 것은 하나님의 말씀의 진리 안에서 찾아볼 수 있는 것이다. 그리스도께서 광야에서 사탄의 시험을 당할 때에 성경을 사용하여 대답하심으로 이것을 우리에게 가르쳐 주셨다.

2) 주님께서 양육을 명하셨다.

| 말씀읽기 |

그러므로 너희는 가서 모든 민족을 제자로 삼아 아버지와 아들과 성령의 이름으로 세례를 베풀고 내가 너희에게 분부한 모든 것을 가르쳐 지키게 하라 볼지어다 내가 세상 끝날까지 너희와 항상 함께 있으리라 하시니라(마 28:19~20)

불신자가 예수 그리스도를 믿어 영접하면 하나님의 자녀로 태어나게 된다. 하나님은 자기 자녀를 버리시지 않는다. 그를 보호하시고, 먹이시고, 필요한 것을 공급하시고, 교육하시며 인도하신다. 주님은 베드로를 통하여 하나님의 자녀들을 양육하고자 "내 어린양을 먹이라", "내 양을 치라"고 말씀하신 것이다.

3) 성숙한 그리스도인으로 자라갈 수 있다.

| 말씀읽기 |

또 네가 많은 증인 앞에서 내게 들은 바를 충성된 사람들에게 부탁하라 그들이 또 다른 사람들을 가르칠 수 있으리라(딤후 2:2)

바울은 믿음의 아들 디모데에게 그가 힘쓴 이 양육을 부탁하였고 에베소 장로들에게는 밀레도에서 너무도 간절한 심정으로 양육을 부탁하였다. 많은 새신자들이 개인적인 지도가 없이는 그들의 생애에서 결정적인 중대한 시기에 온전한 유익을 줄 수 없을 것이며 그들이 할 수 있는 대로 신속히 그리스도 안에서 성장하지 못할 것이다. 그리스도의 좋은 성품과 좋은 신앙인격을 갖출 수 있는 가장 좋은 시기는 갓 태어난 새신자의 시기이다. 이때 양육을 미루면 그의 생활에 나쁜 습관이 버섯처럼 자라게 되어 그를 바르게 변화시키기란 결코 쉬운 일이 아니다.

4) 양육을 잘 함으로써 영적인 결실을 맺게 된다.

| 말씀읽기 |

너희가 나를 택한 것이 아니요 내가 너희를 택하여 세웠나니 이는 너희로 가서 열매를 맺게 하고 또 너희 열매가 항상 있게 하여 내 이름으로 아버지께 무엇을 구하든지 다 받게 하려 함이라(요 15:16)

갓난아이는 혼자 자랄 수 없다. 지속적인 돌봄이 필요하고 교육을 해야 정상적인 사회생활을 할 수 있게 되는 것처럼 새신자들은 반드시 양육을 받아야 할 대상이며 양육을 통하여 성장할 수 있는 원동력이 되므로 양육이 중요하다.

4. 새신자 양육의 목표

1) 구원의 확신을 갖게 한다.

| 말씀읽기 |

네가 네 자신과 가르침을 살펴 이 일을 계속하라 이것을 행함으로 네 자신과 네게 듣는 자를 구원하리라(딤전 4:16)

새신자는 구원의 확신이 부족하므로 구원의 확신을 갖게 하는 것이 가장 중요한 양육의 목표라고 할 수 있다. 새신자 양육시 구원에 대한 확신을 갖지 못하면 양육은 아무 의미가 없다고 생각한다. 구원에 대한 확신이 있을 때에 새신자는 자신이 그리스도 안에서 거듭난 체험을 확신할 뿐만 아니라 죄 사함과 하나님의 자녀됨에 대한 확신을 갖게 되기 때문이다.

구원에 대한 확신을 갖고 있는 새신자는 날로 그 신앙이 성장해 가지만 구원의 확신이 없는 새신자는 오히려 쇠퇴하고 세상으로 돌아갈 수 있다. 목회자는 새신자 양육 시스템을 개발하여 새로 교회에 들어온 사람이 구원의 확신과 성령 충만한 신앙생활을 하도록 이끌어 주어야 한다.

2) 예배를 통해서 구체적으로 신앙고백을 하게 한다.

| 말씀읽기 |

시몬 베드로가 대답하여 이르되 주는 그리스도시요 살아 계신 하나님의 아들이시니이다(마 16:16)

새신자에게 구원의 확신을 갖는 것과 아울러 가장 중요한 목표가 있다면 주일 예배에 철저하게 참석하게 하는 것이다. 새신자 양육시 이 부분에 대하여 분명한 정체성을 갖게 하지 못하면 신앙생활의 가장 기본적인 태도를 놓치기 때문이다.

새신자로 들어오는 사람들의 유형을 보면 전혀 신앙경험이 없는 사람, 타 교회에서 신앙생활을 하다가 이동해온 사람 등 다양하다.

하지만 처음부터 새신자에게 주일 낮 예배만 참석하도록 유도하기보다는 빠른 시일 내에 주일 낮 예배는 물론이고 저녁예배, 수요예배, 새벽예배 등까지 목표를 두고 다양한 예배 시간에 나와 다양하게 드려지는 예배를 통하여 말씀의 가르침을 받게 하는 것이 무엇보다 필요하다.

3) 스스로 말씀을 읽도록 하게 한다.

| 말씀읽기 |

또 어려서부터 성경을 알았나니 성경은 능히 너로 하여금 그리스도 예수 안에 있는 믿음으로 말미암아 구원에 이르는 지혜가 있게 하느니라 모든 성경은 하나님의 감동으로 된 것으로 교훈과 책망과 바르게 함과 의로 교육하기에 유익하니 이는 하나님의 사람으로 온전하게 하며 모든 선한 일을 행할 능력을 갖추게 하려 함이라(딤후 3:15~17)

새신자 양육 교재 중 성경보다 더 좋은 교재는 없을 것이다. 말씀만이 신자들에게 영적 양식이기 때문에 매일 이 양식을 섭취만 한다면 신앙의 성장은 필연적이다. 그래서 성경을 배우는 것은 말할 것도 없고, 스스로 성경 말씀을 읽을 수 있도록 하는 것이 새신자 양육의 목표 가운데 하나여야 하며 새신자로 하여금 매일 성경을 읽고 가까이 할 수 있도록 양육해야 한다.

4) 스스로 그리스도를 증거하게 해야 한다.

| 말씀읽기 |

또 이르시되 너희는 온 천하에 다니며 만민에게 복음을 전파하라(막 16:15)

새신자 양육은 교회 정착을 위한 프로그램이 아니라 구원에 대한 확신과 같이 성경적인 인생관과 세계관을 말씀으로 세워주는 중요한 프로그램이다.

이러한 중요한 시기에 새신자로 하여금 언제 어디서든지 죄를 사해주시며, 하나님 자녀로 삼아주신 예수 그리스도를 증거하게 하는 신자가 되도록 새신자 양육 목표를 설정해야 할 것이다.
예수 그리스도의 증인의 삶은 신앙이 성장한 사람만이 하는 것이 아니라 하나님의 자녀 된 사람이라면 누구나 증인의 삶의 살아야 한다는 것을 가르쳐 주어야 할 것이다. 그리고 새신자로 하여금 당연히 그러한 생각을 갖도록 양육의 목표를 두어야 할 것이다.

5) 봉사하도록 해야 한다.

| 말씀읽기 |

각각 은사를 받은 대로 하나님의 여러 가지 은혜를 맡은 선한 청지기 같이 서로 봉사하라(벧전 4:10)

그리스도인의 생활 가운데 봉사의 생활이 중요하다. 섬기는 자의 자세로 자기의 받은 은사대로 교회와 이웃에 대하여 봉사해야 한다.
자기 자신의 기술, 물질, 지식, 몸으로 봉사하도록 양육해야 한다. 그래서 하나님의 사랑과 이웃사랑이 삶 속에서 실천적으로 적용할 수 있도록 양육의 목표를 삼아야 한다.

5. 새신자부 관리의 효율적 운영

| 말씀읽기 |

임금이 대답하여 이르시되 내가 진실로 너희에게 이르노니 너희가 여기 내 형제 중에 지극히 작은 자 하나에게 한 것이 곧 내게 한 것이니라 하시고(마 25:40)

새신자에 대한 관심이 많은 교회마다 그 조직이 적극적이고 치밀한 것이 특징이다. 그러므로 이런 저런 조직과 관리와 봉사를 통해 새신자를 놓치지 않으려는 노력이 많은 교회에서 시도되었다.

그러나 '꿩 잡는 것이 매'라는 격언이 있듯이, 새신자를 본 교회에 정착시키려는 노력에도 불구하고 역사적으로 그 목적은 쉽게 이루어지지 않았다. 그 이유는 무엇인가? 새신자부의 조직과 그 운영이 제대로 이루어지지 못했기 때문이다. 그러므로 새신자부를 잘 조직하고 원만하게 운영하는 일은 거의 절대적으로 중요하다.

1) 새신자 양육 절차는 이렇게 하자.

통상적인 새신자 양육의 절차는 안내 → 등록 → 환영 → 영접 → 양육이다.

안내 ⇨ 등록카드 작성(안내 도우미) ⇨ 새신자 소개(예배시) 및 환영(담임 목사, 전교인) ⇨ 새신자실로 안내(인도자 및 양육 도우미) ⇨ 기도 및 교역자 소개(담임 목사) ⇨ 평신도 사역자(양육도우미) 소개

2) 새신자부 조직은 이렇게 하자.

교회의 새신자부 조직은 안내반, 심방반, 교육반, 교육 협력반 등이 있어서 상호간에 협조하며 활동하되, 총 책임자의 지휘 아래 일사불란하게 섬겨야 한다.

① 안내반

안내반원들은, 예배가 끝나자마자 먼저 나와서 대기하고 있다가 책임지도자의 지시를 따라 움직인다. 새 교우방에 새 교인이 들어오면, 밝은 인상으로 정중하게 인사하고 자신을 소개한다. 새 교인들은 교회 분위기와 예배에 대한 관심이 많으므로 대화는 간단하게 하되 사랑으로 다정하게 다음 같은 내용으로 대화를 나눈다.

① 가족 사항 ② 교회에 누구와 함께 왔는지 ③ 본 교회에 소개한 사람 ④ 직분의 유무 등을 묻고 ⑤ 교회에 대한 자료를 전달하며 본 교회를 소개한다.

본인이 원하면 이름, 주소, 전화번호 등을 받아둔다. 그러나 결코 강요하지는 않는다. 다음 주일 다시 교회에 출석하면, 다시 찾아가 반가이 인사하고 그 가족과 계속해서 다정한 친교 대화를 나눈다.

② 심방반

- 최소한 한 주에 한번은 전화로 안부를 묻는다.
- 심방은 책임자와 함께 부담 없이 심방 가부, 날짜, 시간 등을 정해 실시한다.
- 심방은 언제나 책임자 중심으로 하고, 부원들은 예절 바르게 이에

협조한다.

- 새 교인 가정에 문제가 생기면, 책임자에게 먼저 알리고 곧 심방한다.
- 심방한 새 교인을 가능하면 본 교회에 등록하도록 권한다.
- 새 교인을 심방할 때는 곧 인적사항을 카드에 적고 해당 구역장에게 소개한다.
- 그 새 교인은 곧 담임목사에게 알려, 심방하도록 연락을 취하고 곧 실시한다.

③ 교육반

- 교육기간은 4~5주간을 원칙으로 한다.
- 교육시간은 매주 한 번, 1시간으로 한다.
- 교육반원들은 언제나 일찍 교회에 나와 잘 준비하여 좋은 분위기를 조성하고 새 교인들을 영접한다.
- 구원의 확신을 알게 한다. 기독교가 구원을 목적으로 전도하기 때문이다. 그러므로 이 일을 철저히 실행한다.

④ 환영반

- 매 주일 새 교인 환영실에 식사와 다과 및 음료를 준비하여 영접한다.
- 본 교회를 상징하는 간단한 선물, 예를 들면 문구 같은 것을 준비하고 새 교인이 환영실에 들어와 자리를 잡으면 곧 전달하며 담화를 나눈다.
- 본 교회 목사의 설교집, 설교 테입, 교회 달력, 교회 일람 등을 준비하고 전달한다.

- 새 교인이 특별집회에 자주 있으므로 그 때마다 꼭 식사를 준비하여환영한다.
- 새 교인이 본 교회에 등록할 때까지 그들을 영접하고 그들을 사랑으로 접대하기를 계속한다.
- 환영 카드, 볼펜 등 필요한 문구들을 준비해 놓고 필요하면 사진을 찍어 두기도 한다.

⑤ 교육 협력반

- 교육기간 동안에 새 교인들이 본 교회에 정착하도록 계속 기도드린다.
- 교육 받을 새 교우들에게 때마다 연락하여 참석하게 하는데 협조한다.
- 새 교인이 교육기간 동안, 꼭 참석하여 좋은 분위기를 이루도록 노력한다.

3) 새신자가 등록하기까지의 과정이 있다.

새신자가 본 교회에 정식으로 등록하기까지에는 엄청난 해산의 수고가 있어야 한다. 지도자의 피나는 기도와 인내, 및 희생 봉사의 결과로 열매를 맺는 것이다.

새신자 정착이 등록으로만 완성된다면, 그것은 비교적 쉬운 과정일 것이다. 그렇지만 등록 후에도 적지 않은 수고가 뒤따라야 한다.

1단계가 등록이라면 2단계는 구원의 확신이라고 할 수 있고, 3단계는 본 교회의 주인이라는 긍지를 심어 주는 데 있다. 끝에 가서는 결국 헌신 단계에까지 이르게 된다.

TIP | **성공적인 새신자 사역을 위한 삼독(三獨)**

1. 독립 부서 2. 독립 공간 3. 독립 예산

TIP | **실패하는 새신자 사역 삼무(三無)**

1. 무투자 2. 무관심 3. 무책임

6. 새신자 눈높이에 맞춘 교재 활용

1) 새신자 교육 교재 내용은 다음과 같다.

제 1과 | 유일한 구원자 예수 그리스도

제 2과 | 믿음이란 무엇인가?

제 3과 | 신앙생활을 어떻게 하면 잘 할 수 있는가?

제 4과 | 성경은 하나님의 말씀이다.

제 5과 | 교회와 그 중요성(교회와 목회철학 소개)

2) 제자교회 새신자 교재와 사역은 다음과 같다.

(바나바 사역 교재)

1부 1과 제자교회 비전과 목회철학

2과 교회 생활을 소개합니다.

3과 우리가 하는 사역들

2부　1과 하나님은 어떤 분이신가?

　　2과 죄는 무엇인가?

3부　예수 그리스도는 어떤 분이신가?

(새신자 교육 교재)

1과 제자교회의 어제와 오늘 그리고 내일

2과 교회와 교인

3과 제자교회의 목적 4주차는 새가족반

(바나바 사역의 특징)

- 하나님께서 맺어주신 사람으로 알고 자신을 정중하게 소개한다.
- 매일 새가족을 위해 기도하며, 일주일에 한 번 이상 안부전화를 한다.
- 만날 때마다 주님의 사랑과 친절로 대한다.
- 개인 및 교회에 건의사항이 있으면 담당교역자에게 알린다.
- 새가족으로 하여금 전도하여 열매맺도록 격려한다.
- 매주일 예배 후에 세 사람 이상을 소개시켜 준다.
- 사역을 마치면 사역일지 양식의 의해 보고한다.
- 새가족이 최대한 사역팀에서 사역할 수 있도록 연결해 준다.
- 자신의 말을 절제하고 새가족의 말을 잘 들어준다.
- 새가족으로 하여금 교회를 사랑하고 봉사하도록 길을 열어준다.
- 바나바는 공부가 아니라 관심이다.
- 바나바는 항상 겸손하게 섬기는 모습을 보여야 한다.
- 바나바는 특권계급이 아니며 신앙과 생활에 본을 보여야 한다.

- 새가족의 신앙과 믿음에 따라서 대한다(눈높이 교육).
- 약속한 것은 반드시 지킨다.
- 부정적인 것을 말하지 않는다.
- 자기를 자랑하지 않는다.
- 새가족에게 들은 말은 누구에게도 말하지 않는다.

3) 새신자를 제자로 세우는 포커스 양육 교재는 다음과 같다.

1과 하나님, 스스로 계신 분

2과 예수 그리스도, 인류의 소망

3과 예수 그리스도, 유일한 탈출구

4과 성령님, 우리 안에서 행하시는 분

5과 예배, 가장 가치있는 행위

6과 성경, 영원한 베스트셀러

7과 기도, 은혜가 흐르는 영원한 송수관

8과 교회, 하나님의 집

9과 십계명 1, 하나님을 향한 계명

10과 십계명 2, 사람들을 향한 계명

11과 전도, 영혼의 무지개

12과 헌신, 위대한 문을 여는 열쇠

4) 윤옥란 양육 팀장의 이야기

환영과 교육을 거쳐 등록한 새신자가 목사님과 사진 촬영을 마치면 새신자실에서 기다렸다가 반갑게 맞는다. 환영카드에 기재된 사항 중 양육자가 숙지해야 할 내용을 다시 한번 새신자에게서 확인한다. 예를 들어 전화 가능 여부, 주일날 1~3부 예배 중 몇 부 예배가 출석하는가, 특별히 기도해야 할 사항 등을 조심스럽게 확인하고 다음 주일날 만날 곳을 약속하고 헤어진다.

특별히 월요일 오전이나 오후 중에 번잡한 시간을 피해 주 안에서 만나게 됨을 감사하다며 축복의 성구를 인용하여 짧은 문자나 전화 통화를 한다. 1개월 정도 지나다 보면 그 사람의 성향과 상황을 조금은 알 수 있다. 새신자의 형편을 따라 자주 혹은 가끔 접촉해 주는 것이 중요하다. 가끔 만나 교회 앞식당에서 식사도 하고 속앓이하는 이야기를 봇물 터지듯 내어놓을 때 들어주는 인내가 필요하다. 이런 가운데 사람에 따라 1~3개월 만에 남녀 전도회에 소개시킨다. 특별히 양육자가 월례회 장소에 모시고 가서 인사시키는 것이 좋다. 원하지 않는 자는 시간을 두고 기다린다. 기본적인 양육은 3개월이다. 그러나 5~6개월이 지나면 받는 세례교육 또는 성경개론 등 신앙이 성장할 수 있는 기회의 정보를 제공하는 센스가 필요하다.

진실한 대화가 필요하지만 거리 조정도 필요하다. 새신자의 모든 필요를 다 채워줄 수 없기 때문이다. 양육에 정답은 없다고 생각한다. 모든 사람이 다르기 때문이다. 다만 이들을 아비와 어미의 마음으로 품는다면 그들을 통해서 양육자의 가슴에 행복이 가득찰 때가 많다. 우리가 하고 있는 이 사역이 든든한 자양분이 되어 새신자 한 사람 한 사람이 하나님의 자녀로 자리매김하기까지 중보자로서 사역을 감당하는 것이 양육팀의 본분이다.

7. 새신자 사후관리

| 말씀읽기 |

...도리어 너희 가운데서 유순한 자가 되어 유모가 자기 자녀를 기름과 같이 하였으니 우리가 이같이 너희를 사모하여 하나님의 복음뿐 아니라 우리의 목숨까지도 너희에게 주기를 기뻐함은 너희가 우리의 사랑하는 자 됨이라(살전 2:7~8)

새신자 양육에 있어서 시작도 중요하지만 기초 양육을 마친 이후에 사후관리도 또한 중요하다. 새로 나온 신자에게만 관심이 집중될 때, 이미 들어온 새신자에게 대한 관심과 사랑의 돌봄이 소홀하기 쉽다. 따라서 이미 교회에 적응 중에 있는 새신자들의 사후관리에 만전을 기해야 한다.

1) 새신자 환영회를 하라.

새신자가 교회에 적응해 가는 동화 과정으로 새신자 환영회는 아주 유용하다. 왜냐하면 새신자 환영회를 통해 개인을 그룹으로 묶어 주는 가장 좋은 기회이기 때문이다. 새신자와 교회 모두가 이때를 통해 교회 공동체 에 빨리 동화될 수 있다. 새신자는 교역자와 교인들의 따뜻한 환영을 받아 소속감을 갖게 되고, 다른 성도와 교제할 수 있는 좋은 기회를 갖게 된다.

교회는 새신자의 자기소개 시간을 통하여 개인은사를 파악하게 된다. 교회의 형편에 따라 월별로 혹은 분기별로 성대하게 할 필요가 있다. 토요일 늦은 오후나 주일 오후 예배 후에도 좋을 것이다.

참석 대상으로는 새신자, 담임목사와 교역자, 장로, 새신자 양육에 참여한 평신도 사역자, 새신자반 스탭들 등이다. 환영의 노래와 함께 준비된 정성껏 나누는 공동체적 교제를 통해 교회는 더욱 활력을 얻게 된다.

2) 소그룹 양육반 운영하라.

새신자가 영적으로 성숙한 신자가 될 때까지 반드시 계속해서 양육을 받아야 한다. 이제 방금 예수님을 영접한 사람을 어떻게 믿음 안에서 견고하게 설 수 있도록 도울 것인가? 소그룹 양육반이 그 대안이 될 수 있을 것이다. 오늘날 소그룹은 교회 내에서 사람들을 양육하는 가장 좋은 수단이 되어 있다. 새신자는 소그룹 양육을 통해서 사랑과 관심을 받으며 소속감을 느끼게 된다. 뿐만 아니라 소그룹 안에서의 친밀한 인간관계는 새신자에게 도전과 격려를 주며, 따뜻한 교제 가운데서 개인의 영적 성장을 이루게 된다. 소그룹을 통한 양육이 효과적으로 진행됨에 따라서 신자들에게는 적당한 일을 주어 함께 일하는 것도 재생산을 위해 바람직하다. 그리스도를 증거하는 전도에 참여할 수 있도록 격려할 필요가 있다.

3) 구역을 통해 양육하라.

새신자들에게 특별한 도움을 줄 수 있는 장이 바로 구역이다. 구역은 '교회 안의 작은 교회'이다. 구역에서의 구역장은 구역의 식구들을 돌보도록 부름 받은 일꾼이요, 목회 동역자이다. 구역 식구들의 믿음과 인격이 성장하도록 도와주는 사람이다.

특별히 구역에서 새신자의 영적 성장을 위해서 구역장이 반드시 가르치고 점검해 주어야 할 요소들로는 말씀, 기도, 예배, 교제, 봉사, 주일성

수 등이다. 그 밖에 구역의 기존 식구들과 새신자와 함께 사랑스런 교제를 나눌 수 있도록 관심과 격려를 아끼지 말아야 한다.

| 핵심포인트 |

'인생의 방황은 예수님을 만나면 끝나고 신앙의 방황은 좋은 교회를 만나면 끝난다'는 말이 있다. 전도와 양육은 교회의 사명 중에서도 최우선적인 것이며 거듭난 그리스도인의 필수과목이다. 교회가 부흥하고 있다면 전도와 양육때문이요 교회가 침체하고 있다면 그 역시 전도와 양육에서 원인을 찾아야 한다.

좋은열매 | Good Fruit

1. 오늘 나에게 은혜와 도전이 되는 말씀과 실천사항을 나누어 보자.

은혜와 도전이 되는 말씀	구체적인 실천사항

2. 이번주 당신의 구역모임에 새신자가 온다면 어떻게 하겠는가?

3. 다함께 합심기도로 마무리하자.

1) 구역모임에 새신자를 정착시킬수 있도록 준비하여 실천하게 하옵소서

2) 구역모임에 매주 마다 새식구가 오게 하시고 정착하게 하옵소서.

3) 구역에 새신자를 잘 양육하여 하나님의 일꾼으로 세우게 하옵소서.

부록 : 울산 큰빛 교회 가정교회 간증

하니까 되더라! -김경옥 집사

저는 길갈목장에서 행정부장과 선교부장을 맡고 있는 김경옥집사입니다. 우리 큰빛 교회가 가정교회로 전환하는 과정에서, 또 제가 속한 가정교회에서 보고 느꼈던 일들을 두서없이 적었습니다. 꼭! 사랑하는 마음을 가지고 읽어주세요.

큰빛 가정교회로 출항

우리는 현 시대를 변화의 시대라고 부르는 것이 조금도 어색하지 않다. 가정에서는 울긋불긋한 아이들의 머리 색깔의 변화에서부터 하루만 지나면 구형이 되고 마는 전자제품, 세계적으로는 어제의 적이 오늘의 동지가 되는 기업의 변화, 통신의 빠르기 등등.

이처럼 우리는 변화의 소용돌이 속에서 살아가고 있다. 변화라고 하면 큰빛 교회도 한 변화한다. 오래 전부터 변화에 익숙해져 있고 한 곳에 머물러 안주하기를 거부하며 변화를 즐기는 교회, 변화를 결코 두려워하지 않고 오히려 변화를 앞질러 나가는 비전 있는 교회로 소문이 퍼져 있다.

그런데 이런 우리 큰빛교회의 성도들도 당장 감수하기는 어려운 대변혁이 생겼다. 누가 뭐라고 하든지 상관하지 않고 밀어 부치던 불도저 목사님께서 20세기의 끝자락에서 목회의 생명을 건 마지막 변화를 결심하신 것이다.

가정교회

처음 가정교회로의 전환이 선포되자 온 교회가 술렁거렸다.
첫째는 변화에 대한 부정적 반응이었다. (매번 실패하면서 또 바꾸나? 우리나라에서 잘 될까?)
둘째는 변화에 대한 거부감이었다. (지금 구역예배도 좋은데 그냥 두지 바꾸긴 뭘 바꿔?)
셋째는 조직의 개편에 대한 불만이었다. (선교회와 성가대의 폐지 등)
넷째는 변화에 대한 두려움이었다. (내가 잘 할 수 있을까? 무엇을 해야 될까?)
다섯은 식사 준비에 대한 부담이었다. (꼭 식사를 해야 하나? 반찬은 뭘로 하지?)

이런 말들을 들으면서 사실상 나도 그런 의문과 불안감을 가지고 있었다. 그러나 가정교회 준비위원회가 구성되고 서울 휴스톤 침례교회 최영기 목사님의 세미나와 우리나라에서 모범적 가정교회로 정착되고 있는 최상태 목사님 세미나와 그 가정교회 목자들과의 질의응답, 담임목사님의 피눈물나는 기도와 헌신을 통해 하나씩 하나씩 기초가 다져졌고 그 위에 장로님들과 모든 성도님들의 합심된 기도로 가정교회의 기둥이 세워져 가고 있었다.
2000년 12월 31일 가정교회 출범과 함께 2001년 1월 5일(금) 가정교회 첫 모임을 선포하고 목자 파송예배로 마칠 때는 모두가 한 마음이었고, 이렇게 큰빛 가정교회 호는 거대한 비전의 닻을 올리고 출항하였다.

두꺼비 목장

우리 자신들이 목자를 선택했고 그 기준으로 목장이 발표되자 또 말들이 생겨나기 시작했다.

"끼리끼리 모였네."

"저 목장이 얼마나 갈까?"

"가장 잘 할 수 있을꺼야!" 등등.

길갈의 전신인 두꺼비 목장은 많은 분들의 사랑어린 질시와 우려 그리고 격려 속에서 태어났다.

그러나 우리는 이미 성공을 예감하고 출발했다. 이제야 밝히지만 우리 목자님은 최상태 목사님이 전도사 시절에 같은 교회에서 청년회 활동을 했다나 어쨌다나? - 우연? => NO !

우리는 목장이 발표되자 재빨리 '두꺼비 목장'이라고 이름을 지었다. 두꺼비는 우리 목자님의 별명이기도 하지만 생기기는 흉해도 절대 사람에게 피해를 끼치지 않는 유익한 동물이라는데 착안을 하여 한 사람(목자)만 빼고 모두 그렇게 불렀다.

곧바로 송년 모임을 가지면서 실질적인 21세기를 어떻게 맞이할 것인가 의견을 나누었고 '감람산 기도원 신년기도회'에 참석하기로 결정했다. 1박 2일의 기도회. 생전 처음 가보는 기도원! 설레임과 두려움 반반의 심정으로 그 날을 기다렸다.

1월 1일 아침 일찍 목자님의 차를 타고 기도원을 향해 갈 때는 학창시절에 수학여행을 떠나는 심정과 같았다. 기도원에 도착해서 짐을 풀고 곧바로 집회에 참석했다. 강사는 서임중 목사님(포항 중앙교회 시무)이셨고 낮 시간은 시편 37:1~6절 말씀을 본문으로 "빛에서 빛으로 가라"라고 선포하셨는데, 목자님을 비롯하여 모든 분들이 은혜를 받았고 특히 저희 남편이 엄청난 은혜를 받은 것 같아 참 좋았다. 지금도 가끔 흥얼거리고 계신다. 오후에는 집사님들과 산에 올라가 기도를 했다. 넓적한 바위 위에서 드리는 기도는 특별히 하나님께서 응답해 주시리라는 확신이 생겼고 더욱 뜨겁게 기도할 수 있어 좋았다.

밤 집회를 마치고 숙소에 들어와서는 '목장을 위해서, 목자와 부목자를 위하여, 그리고 목원들을 위하여' 손을 마주잡고 합심하여 눈물을 흘리면서 기도했다. 우리는 2001년과 가정교회 첫 모임을 앞두고 첫 단추를 이렇게 끼우며 출발했다. 처음 것을 하나님께 드린다는 것이 이렇게 기쁜 줄 미처 몰랐고, 스스로 생각할 때 참으로 대견스럽고 목자님과 부목자님 여러 목원들이 너무나 고맙게 생각되어 눈물이 핑 돌았다. 이것이 첫 모임이다!

길갈 목장의 탄생

드디어 그날이 왔다. 2001년 1월 5일 큰빛 교회에 속한 가정교회들이 모이는 첫 날, 우리 목장은 저녁 8시 30분에 조윤환 목자님 가정에서 아이들도 함께 모여 식사하기로 했다. 음식은 가정별로 준비를 하는데 최집사님은 무생채를, 저는 과일을 준비하고 나머지는 부목자이신 윤집사님이 모두 준비 하셨는데 얼마나 맛있게 준비하셨는지...

식사를 마치고 목자님의 인도에 따라 찬양과 기도와 말씀으로 예배를 드리고 목장 이름을 짓는 시간이 되었다.

지금까지 두꺼비 목장으로 불렀는데 웬 이름? 그럼 두꺼비가 아니란 말인가? 하는 의문이 생겼지만 벌써 목원들이 여러 가지 이름을 내놓고 있었다. OK, 금 두꺼비 등등. 그 때 목자님께서 내 놓으신 이름이 길갈이었다. 그 심오한 뜻과 함께, 사실 말이지만 저는 여기서부터 은혜 받았다는 것 아닙니까.

이스라엘 백성이 가나안 땅에 첫발을 내 디디면서 요단에서 취한 열두 돌을 가지고 이스라엘 백성이 요단강을 건널 때 하나님께서 마른 땅을 건너게 하신 것의 징표로 기념석을 세운 곳, 가나안 정복을 앞두고 이스라엘 백성들에게 할례를 시행했던 곳, 가나안에서 거두어 들인 첫 열매로 감사의 제사를 드렸고 그 후로 만나가 그치고 그 땅의 소산을 먹었다면서.

가나안 정복의 출발점에서 개척자의 정신이라면서, 우와! 우리 목자님 따봉! 저뿐만 아니라 모든 목원들이 그 말씀에 감동하여 목장의 이름은 길갈로 지어졌다. 목자님의 준비는 여기서 끝나지 않았다. 교과서에는 나오지 않은 새로운 사역 '성경연구부장'이라는 것을 만들고 김종복 선생님을 부장으로 임명했는데 그 임무가 우리의 입을 다물지 못하게 했다.

"우리 목원들은 마태복음부터 매일 성경 두 장씩 읽는데 성경 연구부장은 그 속에서 20문제를 만들어 오라"는 것이었다.

오우! 머리에 쥐 내리는 소리. 다음 주에 낸 20문제 가운데 첫 번째 문제가 "아브라함과 다윗의 자손이라고 예수님의 족보에서 밝힌 이유는 무엇인가?"였다. 목원들이 난리가 났다. 난이도가 높다느니 다음부터는 참석을 안하겠다느니 하면서도 그 문제 준비를 위해 같은 본문을 20번이나 읽었다는 김종복 성경연구부장의 노력에 대해 놀라움과 함께 감사의 박수를 보냈다.

이렇듯 한 사역 한 사역 임무를 맡길 때마다 목자님이 얼마나 많은 기도 가운데 준비하셨는지 온 몸과 마음으로 느낄 수 있었다. 지금까지 세 번의 목장 모임을 가졌지만 기존의 구역예배와는 다른 몇 가지가 있는데 그 중의 하나가 자녀들의 참석이다. 떠들고 시끄럽다고 끼워주지 않았던 자녀들을 참여 시켜서 반주하게 하고 찬양과 율동을 하게 하는 등 제각기 아이들에게도 임무를 주어 즐겁게 예배하도록 했다.

그리고 공식 예배 모임 외에도 주중에 최소한 두 번 이상 만나서 목욕도 하고 음식도 먹고 커피도 마시면서 살아가는 이야기를 하는데 때로는 언니처럼 때로는 어머니처럼 느껴져서 한번도 누구에게 내어놓지 못한 일들을 다 털어놓을 수 있었다. 가끔씩 신랑 욕도 하면서 그 후련함을 어찌 말로 다 표현할 수 있으리오.

세 번째 모임은 저희 집에서 가지게 되어 음식을 준비하게 되었는데 전에 가졌던 마음의 부담에 비해서는 어렵지 않게 준비한 것 같았다. 목자님은 그래도 여집사님들의 부담을 덜기 위하여 반찬을 세 가지 이상 내놓지 말라고 강하게 말씀하셨다. 참으로 놀라운 변화였다.

주위를 둘러보니 "참 좋더라" "구역예배 때는 참석하지 않는 분들이 참석했더라" "무엇인가 될 것 같다" 등등 하면 된다는 긍정적인 믿음의 말들로 모두가 바뀌어 있었다. 이것이 하나님께서 하시는 일인가?

순종하는 마음으로

이스라엘 백성들이 가나안 땅에서 첫 발을 내디디면서 하나님께서 하신 일을 기념한 것처럼, 가나안의 적들 앞에서 하나님의 말씀에 순종하여 할례를 행했던 것처럼 우리도 말씀에 순종하고 개척자의 정신으로 가정교회를 위해 자신을 드리고 섬긴다면 하나님의 궁극적인 목적이신 영혼 구원의 역사가 날마다 일어나 하나님께는 영광이요, 우리에게는 축복이요, 다른 교회에는 큰 도전을 주며, 저에게는 예비목자이신 남편 덕분에 부목자가 될 날도 멀지 않았음을 확신합니다.

지난 청지기 세미나 때 강사 목사님께서 말씀하시기를 21세기 신학은 교회론이 중요하다고 하면서 20C의 교회 혁명이 평신도들의 사도성을 깨우는 제자훈련에 있었다면 21C의 교회 혁명은 평신도들의 목자성을 깨우는 '가정교회'에 있다는 말씀을 듣고, 다행히도 시대를 앞서가는 안목을 가지고 남다른 열정으로 목회하시는 목사님이 계신 큰빛교회에 속하게 되어 한 발 앞서 이런 큰 기쁨을 맛보게 하신 하나님께 감사 기도를 드렸다.
또한 목원들을 위해 눈물의 기도로 물을 주고 계시는 목자님과 헌신적인 사랑으로 거름을 뿌리시는 부목자님. '우리는 언제나 함께 한다'는 목장의 구호처럼 서로를 항상 보살펴 주며 누구의 일이든지 자신의 일보다 더 생각하여 주는 목원들. 생동감이 살아 있는 '길갈 목장'에 저를 속하게 하신 하나님께 감사와 찬양과 영광을 드립니다. 할렐루야!

구역 목회 세미나

1. 구역목회의 목적과 철학과 비전을 발견해야 한다.
2. 구역목회에 대한 새로운 패러다임의 변화에 적응해야 한다.
3. 구역리더의 역할과 사명에 대한 인식 전환을 인식해야 한다.
4. 구역목회의 실제적인 노하우를 터득하여 열매를 거두어야 한다.